Polizei und Publikum.

Eine Darstellung
der beiderseitigen Rechte und Pflichten
an der Hand der grundlegenden Bestimmungen
für die
Ausübung der örtlichen allgemeinen Verwaltungspolizei in Preußen.

Von

M. Koehne, Bürgermeister.

Berlin.
J. J. Heines Verlag.
1897.

Med Low skal man Land byggo.
[„Nach dem Gesetze soll man das Land regieren.“]
Waldemar, 1240.

Vorwort.

Meiner Erläuterung des Gesetzes v. 11. Mai 1842 über die Zulässigkeit des Rechtsweges gegen polizeiliche Verfügungen (Berlin, Carl Heymann 1895) lasse ich eine Bearbeitung der sonstigen Gesetze, welche sich mit der Regelung der Polizeigewalten befassen, mit Vorliegendem folgen. Die meisten Polizeihandbücher beschäftigen sich mit dem objectiven Material, welches die Polizeibehörden zu bearbeiten haben. Wie die Arbeit von v. Kamptz beabsichtigt diese dagegen im Wesentlichen, die Lehre vom Verfahren der Polizei, der Erlassung und Anfechtung polizeilicher Verfügungen zu geben. Während Ersterer mehr die Form der Instruction gewählt hat, habe ich geglaubt, diejenige des Commentares anwenden zu sollen. Nicht als ob es an solchen und vorzüglichen fehlte, ich nenne nur das Werk von v. Brauchitsch und dessen Fortführung, sowie Oertel „die Preußischen Reformgesetze“, aber diese sind für eine Reihe von Beamten verhältnißmäßig theuer und umfangreich und enthalten wegen des letzteren Umstandes die Materien der Polizei etwas verstreut. Ich habe es mir daher angelegen sein lassen, das wesentliche, unbedingt nöthige Material möglichst im Zusammenhange darzustellen. Ein System ließ sich aufrechterhalten, ohne den chronologischen Zusammenhang der Gesetzgebung zu sehr zu zerstören.

Zur Bearbeitung verwendet sind im Wesentlichen die Sammlungen der Entscheidungen des Oberverwaltungsgerichts und des Reichsgerichts, das Buch „Verwaltungsrechtspflege“ von Dr. jur. Otto Müller und die Werke von Rosin „Polizeiverordnungsrecht“ und „Begriff der Polizei“.

Hoffentlich gelingt es der Arbeit, zum klareren Verständnisse des Polizeirechts bei den unteren Behörden ein Weniges beizutragen. Einzelentscheidungen sind wenig gebracht, um nicht die Uebersicht über die zusammengehörigen Materien zu stören, und deshalb, weil sie häufig weitercitirt werden, ohne daß sie aufmerksam gelesen wären. Auf solche Weise würden derlei Citate nur dem Eindringen in den Stoff hinderlich werden.

Das Polizeiverordnungsrecht, auf dessen Gebiete ich mich bei der Differenz Rosin's mit den Anschauungen des Kgl. Oberverwaltungsgerichts dem Ersteren anschließen zu müssen glaubte, ist nicht ganz ausführlich bearbeitet; es darf vielmehr auf das vorzügliche Werk Rosin's bei den hier in der alltäglichen Praxis wohl nicht zu häufig entstehenden Bedenken lediglich verwiesen werden. Biermann's Werk „Privatrecht und Polizei", das nach Fertigstellung der Arbeit erschien, ist, soweit es den allgemeinen Theil anbelangt, noch citirt worden, desgl. Anschütz, „Ersatzanspruch", Berlin, Heymann 1897.

Bei Ausführung der Grundgedanken habe ich mich durchaus nicht gescheut, Wiederholungen zu bringen, einmal um Nachschlagen zu vermeiden, ferner aber um die Lehre dem Gedächtnisse mehr einzuprägen, dem Verständnisse mehr zuzuführen. So habe ich von dem seltenen Bestehen von Verjährung an mehreren Stellen gesprochen.

Das Buch wird sich mit Leichtigkeit in den neuen wie in den alten Landestheilen gebrauchen lassen, da es sich darin im Wesentlichen um das in allen Gebieten gleiche Recht handelt. Da dasselbe aus den Erfahrungen der Praxis des täglichen Lebens heraus entstanden ist, wird es auch den Practikern wie Privaten willkommen sein. — Ein sehr eingehendes alphabetisches Register ist beigefügt.

Herzberg a. Elster, im September 1897.

M. Koehne.

Inhalts-Verzeichniß.

Seite

Einleitung.

A. Begriff „Polizei".

B. Ortspolizei.

Seite

C. Landespolizei.

D. Schutz der Person; Präventivpolizei.

E. Schutz des Eigenthums.

F. Anfechtung der Verfügung und der Zwangsmaßnahmen.

Einleitung.

Die vorliegende Arbeit befaßt sich im Wesentlichen mit dem Rechte zur Erlassung und Anfechtung polizeilicher Verfügungen.

In der Rechtsordnung hat sich der Volkswille eine Selbstbeschränkung auferlegt. Er gestattet der staatlichen Corporation unter den rechtlich geordneten Modalitäten, durch seine Organe in die Rechtsgütersphäre der Einzelnen einzugreifen. Die Organe, Behörden und Beamte, üben die Befugniß der Staatscorporation als eine ihnen obliegende Pflicht aus. Die Befugniß kann sich auf specielle Gesetze und Rechtsverordnungen sowie Generalklauseln stützen.

Auf ortspolizeilichem Gebiete spielt die die Wohlfahrtspflege für den Fall der Regel ausschließende Generalklausel des § 10 II 17 die Hauptrolle in Bezug auf die Verfügungsbefugnisse, für das Verordnungsrecht aber der § 6 Ges. v. 11. März 1850. Die Polizeiverfügungsgewalt wird in der Regel von bestimmten polizeilichen Behörden geübt, durchdringt aber auch viele andere Specialgebiete. Sie äußert sich nicht nur in Anordnungen, sondern auch unter Umständen in vorherigem oder nachherigem Genehmigen privatlichen Thuns (Bau eines Weges, Ziehung eines Grabens). Die Verfügungen der Ortspolizeiorgane werden regelmäßig nach § 127 L.V.G. durch Beschwerde und Klage angegriffen, die Verfügungen polizeilichen Inhalts anderer Behörden, wo nichts anderes geordnet ist, nach § 1 Ges. v. 11. Mai 1842 durch Beschwerde (Einziehung von privaten Sitzplätzen durch Niederlegung eines Kirchenchors Seitens der kirchlichen Vertretung). Sonst gilt der Satz, daß privatrechtliche Ansprüche im Rechtswege durchgefochten werden, wenn kein anderes Rechtsmittel geordnet ist, und zwar nicht nur für solche, welche aus privaten Rechtsverhältnissen hergeleitet werden, sondern auch für diejenigen, welchen öffentlichrechtliche Verhältnisse zu Grunde liegen. Doch sind die Fälle des Rechtsweges auf polizeilichem Gebiete (§§ 2, 4, 5, 6 Ges. v. 11. Mai 1842) neuerdings auch noch dadurch verringert worden, daß man einzelne privatrechtliche Ansprüche mit öffentlichrechtlichem Entstehungsgrunde den Verwaltungsgerichten überwiesen hat (§ 127 L. V. G. in fine, §§ 56, 66 Zust.-Ges.). Die Ansicht, daß auf dem Gebiete des öffentlichen Rechts durch das objective Recht verliehene „subjective Rechte" (der Einzelnen) nicht anzuerkennen seien, ist jetzt mit Recht fast allgemein fallen gelassen worden.

Die nachstehende Arbeit behandelt 1) den Polizeibegriff, 2) a) die ortspolizeiliche erhaltende bezw. abwehrende Exekution, b) die landespolizeilichen Verfügungsbefugnisse, 3) die vorbeugende Criminalpolizei, 4) die relative Unverletzlichkeit des Eigenthums, 5) den Rechtsschutz: a) die Aufsichtsbeschwerde, b) formelle Beschwerde sowie Verwaltungsklage, c) Einspruch und Verwaltungsklage, d) den ordentlichen Rechtsweg, 6) Behörden und Beamte, 7) das Polizeiverordnungsrecht und die Wohlfahrtspflege.

Des Näheren wird auf das Inhaltsverzeichniß verwiesen.

A. Begriff „Polizei".

Allgemeines Landrecht Theil II Titel 13.

„§ 1. Alle Rechte und Pflichten des Staats gegen seine Bürger und „Schutzverwandten vereinigen sich in dem Oberhaupte desselben.

„§ 2. Die vorzüglichste Pflicht des Oberhauptes im Staat ist, so„wohl die äußere als innere Ruhe und Sicherheit zu erhalten und einen „Jeden bei dem Seinigen gegen Gewalt und Störungen zu schützen.

„§ 3. Ihm kommt es zu, für Anstalten zu sorgen, wodurch den Ein„wohnern Mittel und Gelegenheit verschafft werden, ihre Fähigkeiten und „Kräfte auszubilden und dieselben zur Beförderung ihres Wohlstandes „anzuwenden.

Allgemeines Landrecht Theil II Titel 17.

„§ 1. Der Staat ist für die Sicherheit seiner Unterthanen in An„sehung ihrer Personen [1]), ihrer Ehre, ihrer Rechte und ihres Vermögens [2]) „zu sorgen verpflichtet.

Vorbemerkung. Die Summe der Einzelnen ist die Gesellschaft. Ihre Verhältnisse werden geregelt durch Sitte und Gesetz. Letzteres ist gegenüber Ersterer erkennbar und erzwingbar. Um den schädlichen Einzelwillen zu bändigen, hat man auf räumlichem Gebiete die Gesammtheit zu einer mit Gewalt begabten künstlichen Persönlichkeit, einem Rechtssubjecte, dem Staate, verkörpert. Er ist die oberste, geordnete Gemeinschaft. Herausgewachsen aus dem Interesse der Gesammtheit des Volkes, hat er als erstes und Hauptziel das Gemeinwohl im Auge, als zweites danach den Schutz der mit dem Gemeinwohle verträglichen Einzelinteressen. Die gewollte Ordnung, welche das öffentliche und private Interesse regelt, ist die Rechtsordnung. Diese, das Recht im objectiven Sinne, ist der Volkswille, den der Staat als

[1]) Leben, Gesundheit, physische und rechtliche Freiheit.
[2]) gleich: Vermögensobjecte.

juristische Person des öffentlichen Rechts auszuführen berufen ist. Es muß in verfassungsmäßiger Form entstanden und ebenso veröffentlicht sein. Die Fläche, auf welcher das Recht gebieten soll, ist das Rechtsgebiet. Will der Gesetzgeber das öffentliche Interesse durch Satzung regeln, so entsteht öffentliches Recht, regelt er das Privat-Interesse, Privatrecht. Ersteres geht Letzterem voran und kann von Privaten allein nicht geändert werden. Im Rechtsstaate kann andererseits in Ausführung der Aufgaben des Staates durch die Verwaltung in Privatrechte nur eingegriffen werden, wo die Gesetzgebung dies generell oder speciell gestattet hat. — Unzulässigkeit eines staatlichen Gesetzes dagegen kann Niemand geltend machen (O. V. G. Bd. VI S. 33). Der Staat ist souverain. Den Gesetzgeber aber soll das Gerechtigkeitsgefühl leiten.

1. Nach obigen Bestimmungen ist die Aufgabe des Preußischen Staates eine doppelte, einmal negativ: Erhaltung von Ruhe und Sicherheit sowie Schutz gegen Gewalt und Störung, sodann positiv: Sorge für Anstalten zur Ausbildung von Fähigkeiten und Kräften und Beförderung des Wohlstandes. Der Schutz der Einzelnen erfolgt vom Gesichtspunkte des gemeinen Interesses aus. Zur Miterfüllung der Aufgaben des Staates ist auch die Polizei berufen und zwar in subsidiärer Beziehung, nämlich dann, wenn keine andere Behörde speciell diese Pflichten überwiesen erhalten hat. Der Umfang des polizeilichen Ressorts ist also nur negativ anzugeben. Sie ist ein Theil der allgemeinen Staatsverwaltung. Trotz ihres formell subsidiären Characters hat sie aber ein sehr weites und sehr bedeutendes Gebiet. Es fällt ihr an sich wie dem Staate die Pflicht zur Erhaltung der Ruhe, Sicherheit und Ordnung und Abwendung von Gefahr ebensowohl zu wie die Pflege der Wohlfahrt durch positive Thätigkeit. Damit ist aber nicht gesagt, daß sie auf beiden Gebieten befugt sei, mit denselben Machtmitteln vorzugehen. Vielmehr ist durch die bestimmte Satzung des § 10 II 17 die Ortspolizeibehörde betreffs ihrer Exekutive (Verfügungs)gewalt nur zur Wahrnehmung der ersteren Aufgabe berufen und für den Fall der Regel von der Förderung der Wohlfahrt ausgeschlossen; jedenfalls stehen ihr Zwangsmittel auf diesem Gebiete nicht zu. (S. Rosin, Polizeibegriff S. 22.) Die Landespolizeibehörde dagegen ist durch § 3 Vo. v. 26./12. 1808 auch zur Wohlfahrtspflege berufen. Auch das Polizeiverordnungsrecht nach § 6 Ges. v. 11. März 1850 umfaßt diese mit (S. die Motive und zu § 10 II. 17 No. 8). Was nämlich das Verordnungsrecht anbetrifft, so rekurrirt § 6 al. i. des Gesetzes vom 11. März 1850 auf den gesammten Inhalt der §§ 2, 3 II 13, wie dies von Rosin neuerdings zweifellos dargethan worden ist. Indessen hat die Praxis von diesen

rechtlich bestehenden Befugnissen nicht vollen Gebrauch gemacht. (S. Polizeiverordnungsrecht II. Aufl. S. 125 und Anm. 6 zum Ges. vom 11. März 1850.) Neben den Justizangelegenheiten scheiden sich von der Polizeiverwaltung die Landeshoheits- und Finanzsachen.

2. Da die Polizei auf dem ihr zugewiesenen Gebiete Functionen ausübt, welche nach § 1 II 13, dem Oberhaupte des Staates zugetheilt sind, so wird sie im Namen des Königs geführt. Dies bekundet ausdrücklich § 1 des Ges. v. 11. März 1850. S. Anm. zu diesem.

3. Die polizeiliche wie die staatliche Thätigkeit erfolgt im öffentlichen Interesse. (O. V. G. v. 27./4. 1882 IX. 349; Kamm. Ger. 17./2. 96. Selbstv. 96 No. 25.) Dadurch ist ihr Einschreiten zu Gunsten Privater nicht ausgeschlossen, doch ist das Sonderinteresse dann Gegenstand aber nicht Zweck des Eingreifens, denn im Interesse der Allgemeinheit liegt auch, daß der Einzelne in seinen Rechten, soweit sie mit dem öffentlichen Interesse zusammenfallen, geschützt werde. O. V. G. XIV S. 381 ff.[1]) Ueber allgemeines und positives öffentliches Interesse s. R. G. E. v. 28. Nov. 1894. J. M. Bl. 95 S. 227 und Ob. Verw. G. E. v. 30. April 77 Bd. II. S. 351.

4. Die Polizei verwirklicht ihren Willen, welcher mittelbar Wille des Staates ist, einmal durch Polizeiverordnung, die dem Gesetze gleich steht, und im Vorhinaus für den Eintritt gewisser Verhältnisse solche regelt, sodann durch Polizeiverfügung, wenn durch Eintritt oder unmittelbares Bevorstehen polizeilich zu ordnender Verhältnisse das Eingreifen der Behörde veranlaßt wird. Das Wesen Beider ist die Einschränkung der natürlichen Handlungsfreiheit der Einzelnen zum Zwecke des Gesammtwohles durch Gebot und Verbot. Widerstand wird durch Zwang (Exekutivmaßnahmen und Exekutivstrafe bei der Verfügung, criminelle Strafe bei der Verordnung) gebrochen. Die Handlungsfreiheit begreift den Gebrauch der Rechtsgüter und die Geltendmachung der subjectiven Rechte (S. § 1 Th. II Tit. 17 und unten B. 12).

5. Unterschieden werden Orts- und Landespolizei. Die Letztere begreift im Allgemeinen die den Staat oder die Gesellschaft im Ganzen interessirenden Lebensverhältnisse, während sich die Ortspolizei mit örtlichen Interessen befaßt. Es ist aber in Litteratur wie Judicatur anerkannt, daß die Grenzen nicht strict gezogen sind. Die Landespolizei regelt vielmehr vielfach Angelegenheiten, besonders auf dem Gebiete des Verordnungsrechtes, welche mehr lokaler Natur sind. Sie normirt für größere Bezirke das, was auch im Wege der

---

[1]) so hat die Baupolizei rein nachbarrechtliche Normen nicht zu berücksichtigen, z. B. auf dem Gebiete des Lichtrechts.

Kreis- bezw. reinen Lokalpolizei für jeden engeren Bezirk hätte geregelt werden können. Die Motive zum Polizeiverwaltungsgesetz erklären es für außerordentlich schwierig, eine feste Scheidelinie zwischen den Gebieten der „Staats-“ und der Ortspolizei zu ziehen und finden es bedenklich, theoretisch oder gesetzlich die Materien abzugrenzen. Siehe auch O. V. G. Ger. v. 19./12. 1894, Selbstv. 95 S. 658. Landespolizeibehörde ist der Regierungs-Präsident. (§ 2 Regierungs-Instruction vom 23. October 1817; § 18 Landesverwaltungsgesetz.) Ueber ihm üben landespolizeiliche Functionen aus: Der Oberpräsident und die Minister. Die Kreispolizei ist ein Theil der Ortspolizei: Sie wird vom Landrath geführt. Von der allgemeinen Verwaltungs- (im Gegensatze zu Criminal-) Polizei zweigen sich die Sondergebiete der Eisenbahn- und Berg- 2c. Polizei mit Specialbehörden ab. Zur Ortspolizei werden nicht gerechnet: die Strom-, Schifffahrts- und Hafenpolizei, § 59 Kr. O. Landesdeichpolizei s. Ges. v. 28./1. 48, O. V. G. v. 8./10. 85 XII S. 321. Betreffs der deichpolizeilichen Exekutive durch die Deichhauptleute s. Erl. v. 14. November 1853 G. S. S. 395. Jagd- und Chausseeverkehrspolizei steht dem Landrathe zu, die Chausseebaupolizei dem Regierungspräsidenten. Die Landespolizei hat zum Theil besondere nachgeordnete Organe (Bauinspectoren, Oberfischmeister u. dergl.).

Auch auf landespolizeilichem Gebiete hat die Ortspolizei das Recht und die Pflicht, da, wo die Erhaltung der öffentlichen Ordnung, Ruhe und Sicherheit ihr unmittelbares Einschreiten nothwendig macht, zumal wo strafbare Handlungen in Frage stehen, das Erforderliche anzuordnen und ausführen zu lassen. Wird zum Beispiele in einem Strome in straffälliger Weise ein Hinderniß angebracht, so ist die Ortspolizei nicht gezwungen, zu warten, bis die vielleicht schwer zu erreichenden Organe der Landespolizei hindernd in Thätigkeit treten können, sondern sie ist in der Lage, für Beseitigung alsbald die nöthigen Schritte selbst zu thun.

6. Geltungsbereich. Die im Landrechtsgebiete geltenden Bestimmungen dieses Gesetzbuchs und die auf Grund derselben erlassenen weiteren Vorschriften über Polizeiamt und Polizeibegriff sind mit dem Ges. v. 11. März 1850 (§ 20) auf die neuen Landestheile übertragen, weil sie einen Theil des nothwendig einheitlichen staatlichen Verfassungsrechtes bilden.

7. Es sei bemerkt, daß es sich vorliegend nicht um Polizei im allgemein-wissenschaftlichen Sinne handelt, sondern um die Polizei nach Preußischem Rechte. Im Allgemeinen versteht man unter Polizei die staatliche Thätigkeit zur Aufrechterhaltung der öffentlichen Ordnung im

gemeinen Interesse, bestehend in der Abwehr möglicher, drohender oder eingetretener Störungen durch menschliche oder natürliche Kräfte: Vorkehrung oder Prävention, Beobachtung (Patrouille, Vigilanz), Repression durch Beseitigung (nicht durch Ahndung d. i. Bestrafung), Recherche nach strafbaren Handlungen. Der Begriff des Zwanges ist nicht characteristisch für die Polizei; wohl aber ist nach preußischem Rechte Zwangsrecht regelmäßig mit der Ausübung der Polizeigewalt verknüpft, sogar auf dem Gebiete der positiven Förderung des genannten Wohles, während ein Theil der Litteratur und Judicatur letztere Thätigkeit als nicht zum Wesen der Polizei gehörig betrachtet und nur zuläßt, daß sie die Hindernisse für die Entwickelung der Wohlfahrt beseitigt. Die Criminalpolizei gehört zur eigentlichen polizeilichen Aufgabe, nicht aber das Straffestsetzungsrecht wegen Uebertretungen. Letzteres ist den Polizeibehörden nur aus practischen Gründen übertragen, wie andererseits auch Nichtpolizeibehörden polizeiliche Functionen zustehen können, z. B. Kirchstuhlordnung im öffentlichen Interesse, R.G. 1 II 97 Selbstv. S. 360. Wo das Gesetz nicht ausdrückliche Anordnungen für die polizeiliche Thätigkeit trifft, wirkt sie nach Maßgabe der Zweckmäßigkeit auf Grund des ihr durch allgemeines Gesetz bekannt gewordenen Willens des Gesetzgebers. Ausgeübt wird die polizeiliche Thätigkeit durch die Organe der Polizeigewalt, die Polizeiverwaltungsbehörden, wenn auch, wie bemerkt, diese Behörden nicht immer als polizeiliche bezeichnet werden. So können z. B. Zollbeamte als polizeiliche fungiren. R.G.E. 26/10. 96. Zur Ausübung der Polizeigewalt bedürfen deren Behörden eines sichernden und vorbereitenden Apparates, hierarchische Organisation der Behörden, Errichtung von Controlen (Registratur, Steckbriefwesen), Bildung einer Feuerwehr 2c. (S. Ackermann, Polizei und Polizeimoral 1896). § 10, §§ 12—14 Allg. Landrechts II 17. S. auch § 11 (hier Act der Justizpflege).

8. Schutz von Werthen der Einzelnen. Salus rei publicae suprema lex esto! Der nächste Zweck des Staates war Schutz des Gemeinwohles. Er konnte somit die Interessen der Einzelnen nur berücksichtigen, soweit sie sich mit dem Gemeinwohle vertragen. Nur solche Interessen erkennt er als schutzwürdig an. §§ 25, 26 I 8. § 1 II 17 A.L.R. Wie durch die Rechtsordnung die natürlichen Lebensverhältnisse zu Rechtsverhältnissen werden können, wie natürliche Personen zu Rechtssubjecten werden, so macht sie aus den natürlichen Lebensgütern Rechtsgüter, indem sie solche anerkennt und schützt. Wie aber das objective Recht neben den natürlichen Personen noch juristische Personen schafft, so bildet es neben den natürlichen Gütern noch ein neues juristisches Werthobject, das subjective Recht. Dies ist

das „besondere" [1]) Recht des § 84 Einl. A. L. R., neben den Gütern aus § 83 ebenda. Diese individuellen Rechte entstehen durch solche Handlungen (des Staates oder der Einzelnen) oder Begebenheiten (wohin auch die Geburt zu rechnen sein dürfte), mit welchen das Gesetz eine bestimmte Wirkung verbunden hat (Rechtstitel, § 82 ebenda), oder durch das Gesetz selbst direct S. No. 1 zu Art. 9.

B. Ortspolizei.

Allgemeines Landrecht § 10 Theil II Titel 17.

„Die nöthigen Anstalten zur Erhaltung der öffentlichen Ruhe, Sicherheit „und Ordnung und zur Abwendung der dem Publikum oder einzelnen „Mitgliedern desselben bevorstehenden Gefahr zu treffen, ist das Amt der „Polizei. (Vgl. Regl. v. 20. Juli 1818 § 26.)

1. Vorbemerkung. Der § 10 II 17 hat vielleicht ursprünglich nicht die Bedeutung gehabt, als Rechtsschranke der polizeilichen Gewalt zu dienen, vielmehr handelte es sich bei ihm nach Ansicht Bornhak's lediglich um eine subsidiäre Rechtsnorm für die Gerichtsverfassung, welche durch die neuere Criminalgesetzgebung gegenstandslos geworden sei. Es muß hier aber jedenfalls damit gerechnet werden, daß das Königl. Oberverwaltungsgericht den § dazu benutzt hat, daß er zur Rechtscontrolle des Polizeiverfügungsrechtes diene; denn an einer Grundlage hierfür fehlt es. Man bedurfte ihrer aber nach Emanation der Gesetzgebung über die Verwaltungsrechtspflege, welche ohne feste Rechtsordnung nicht denkbar ist. (Selbstverwaltung 1896 No. 30.)

2. Das Gesetz schafft Rechtssätze, die Verfügung Rechtsverhältnisse, sie ist Ausübung subjectiven Rechtes des Staates und begründet für concrete Fälle Pflichten in Gemäßheit des Gesetzes. (Laband.)

3. „nöthig." Es ist zu beachten, daß hier eine Nothwendigkeit zum polizeilichen Einschreiten vorliegen muß. cf. unten „Gefahr." s. No. 8. Bloße Nützlichkeit oder Wirksamkeit soll der Behörde noch keinen Anlaß zum zwangsweisen Eingreifen geben. E. O. V. G. Bd. XI. S. 216 v. 3./9. 84.

„Anstalten." Unter Anstalten ist der Regel nach weiter nichts zu verstehen als die Anordnung oder Vorbereitung des Nothwendigen entweder im Wege der Verfügung, oder, wo dies geboten ist, dessen

---

[1]) Es ist also kein Ausnahmerecht, Privileg, hiermit gemeint, § 54 ff.

unmittelbarer Ausführung, z. B. Ziehen eines Grabens bei Wassersgefahr. Daß auch dauernde Anstalten[1]) zur Durchführung der polizeilichen Aufgaben getroffen werden können und müssen, z. B. die Einrichtung des Wachdienstes, ist selbstverständlich; indeß erreicht man mit dauernden Anstalten im Einzelfalle nicht die Beseitigung der Gefahr. Dies geschieht vielmehr nur im Wege des Zwangsvorgehens bei vorliegendem Widerstreben. Daß die Polizei, wenn sie Anstalt macht, einer Gefahr zu begegnen, sich des Zwanges bedienen kann, ist alter Grundsatz und selbstverständlich, wenn der Arm der Polizei nicht lahm sein soll. „Sicherheits" „und „„Wohlfahrts""förderung deckt sich aber nicht stets mit „Zwang" und „„Pflege"" (s. Rosin, Polizeibegriff S. 22).

„Erhaltung". Es handelt sich also nicht um positive Förderung. Im Gegensatze hierzu befaßt sich das Polizeiverordnungsrecht und auch das Exekutivrecht der Landespolizeibehörde auch mit der Wohlfahrtspflege (s. No. 8).

4. „Oeffentliche Ruhe, Sicherheit, Ordnung", sind keine getrennten Begriffe. Im Ganzen übereinstimmend: Biermann, S. 16. Der § 10 will vielmehr durch die Häufung der Worte einen Gesammtbegriff zum Ausdruck bringen. Er meint die idealen Rechtsgüter, die Aufrechterhaltung der allgemeinen inneren Ruhe des Staates, den Gegensatz zu politischen Beunruhigungen, die allgemeine, auch strafrechtlich nicht geschützte, öffentliche Ordnung und Sittlichkeit, das Ineinandergreifen der staatlichen Functionen, Sicherung der Beweismittel, Aufrechterhaltung der Rechtssatzungen im Einzelnen wie im Ganzen. Das öffentliche Interesse muß immer mindestens concurriren. Reine Privatinteressen zu verfolgen, ist nicht Sorge der Polizei, wohl aber kann sie privaten Interessen ihren Schutz verleihen, wenn dies mit im öffentlichen Interesse ruht, z. B. Anhaltung eines entlaufenen Dienstboten zum Wiederantritt, weil hier die Aufrechterhaltung der öffentlichen Ordnung als mitbetroffen angesehen wird. Der erste und zweite Theil des § hängen zusammen, denn die Erhaltung der Sicherheit bedingt die Abwendung von Gefahren. Der zweite Theil ist vielmehr nur die Specialisirung des ersteren. Jedenfalls enthält die „öffentliche Sicherheit" auch die „Sicherheit des Publikums". Die Worte „Gefahr" und „nöthig" deuten beide Abwehr schon drohenden Schadens an. Mit der reinen Prävention auf strafrechtlichem Gebiete beschäftigt sich das Gesetz vom 12. Februar 1850. R. G. E. vom 15./3. 87 Bd. XV S. 356.

---

[1]) Siehe über den inneren Betrieb: Gerland „Der Polizeidienst".

In seinem Strafrechtstitel Th. II Tit. XX Abschn. IV (Ueberschrift) nennt das Allgemeine Landrecht, wie aus der Vergessenheit hervorgehoben zu werden verdient, die Sicherheit des Staates mit der **inneren** Ruhe zusammen, im ersten § des Abschnitts gebraucht es die drei Ausdrücke: öffentliche Ruhe, Sicherheit und Ordnung. Als Störung derselben werden genannt: Verhinderung der Veröffentlichung von Gesetzen, Erregung von Unzufriedenheit gegen die Regierung, Verspottung obrigkeitlicher Anordnungen, Begünstigung Inhaftirter, Widerstand, Aufruhr, Gründung geheimer Verbindungen, Veranstaltung von Unordnungen, insbesondere eines Auflaufs, nächtlicher und sonstiger **Straßenunruhe** und grober Unsittlichkeiten.

In privatrechtlichen Streitigkeiten auch die vorläufige Entscheidung zu treffen, ist Sache des Gerichts. Siehe die §§ 814 ff. der Civilproceßordnung, betreffend die „einstweiligen Verfügungen", sowie § 3 Ges. v. 27. Mai 1896, betreffend unlauteren Wettbewerb. Bemerkt sei ausdrücklich, weil dies vielfach Gegenstand der Erörterung, daß das öffentliche Interesse in der Regel nicht verletzt ist bei Erregung ruhestörenden Lärms innerhalb eines Privathauses. Es ist Thatfrage, wann man Mitinteressirtheit der Oeffentlichkeit anzunehmen habe. Man wird die **mögliche** Mitgefährdung bezw., da eine **strafbare** Handlung in Frage stehen kann, die Belästigung eines wenn auch nur beschränkten Theiles des Publikums in Berücksichtigung zu ziehen haben. Wegen Belästigungen durch Miether wird man sich dagegen der Regel nach Mangels des öffentlichen Interesses nicht an die Polizei wenden können. Hier ist man auf die Aufrechterhaltung der Hausordnung durch den Wirth angewiesen. Fälle, in denen die der Polizei gestellten Aufgaben ohne **vorläufige** Entscheidung privatrechtlicher Streitigkeiten nicht gelöst werden können, sind wohl denkbar z. B. Streit um die Benutzung einer Kirche zwischen Protestanten und Katholiken. S. auch den Fall des § 75 der Gewerbeordnung (Differenz mit dem Gastwirth). Liegt Gefahr vor, so kann auch auf sonst landespolizeilichem Gebiete die Ortspolizei durch Verfügung eingreifen. Voraussetzung des polizeilichen Einschreitens ist nicht nothwendig allein ein **strafbares** Verhalten desjenigen, gegen den eingeschritten wird. Wenn vielmehr die Erhaltung der öffentlichen Ordnung dem Amte der Polizei zugerechnet wird, so ist dadurch die öffentliche Sittlichkeit und der öffentliche Anstand mit unter den Schutz der Polizei gestellt und zwar auch dann, wenn deren Verletzung nicht gerade strafbar erscheint. (O. V. G. v. 12. November 1895, Selbstv. 1896 S. 547.) Andererseits sind die Polizeibehörden, abgesehen von speciell geordneter Zuständigkeit, nur dann aus dem Gesichtspunkte der Ordnungserhaltung einzugreifen befugt, wenn es sich um allgemein polizeiliche Interessen handelt. Dies ist nicht immer der Fall. Es ist wohl Aufgabe der Polizei, zur Beseitigung strafbarer Handlungen die nöthigen Anstalten zu treffen, damit ist jedoch nicht jede Verletzung öffentlich-rechtlicher Normen, auch der ohne Strafandrohungen ergangenen, der polizeilichen Fürsorge unterstellt. Eine Verletzung dieser Normen auf an sich nicht polizeilichem Gebiete (Schulwesen) berechtigt die Polizei zum Einschreiten erst dann, wenn zugleich durch die Art oder die Ausdehnung derselben eine Störung der öffentlichen Ruhe oder Sicherheit oder Gefahr für das Gemeinwesen entsteht (O. V. G. 7 III 1894 Bd. 26 S. 411). Betr. Aesthetik und Architectonik s. O. V. G. Bd. XX S. 232, § 66 I 8 Allg. Landr. „Grobe Verunstaltung" liegt vor, wenn der Zustand jedes offene Auge verletzt O. V. G. IX S. 354.

5. „Abwendung". S. oben No. 3 „Erhaltung" und No. 4.

6. Das „Publikum" besteht aus nach Individualität und Zahl unbestimmten Mitgliedern der menschlichen Gesellschaft, im Gegensatze einerseits zur Staatsbevölkerung und bestimmten Personenkreisen andererseits.

7. „Gefahr" ist ein solcher Zustand der Dinge, welcher die Besorgniß rechtfertigt, daß ein im Gegensatze zu bloßen Nachtheilen und Belästigungen erheblich schädigendes Ereigniß eintreten werde. Diese Besorgniß beruht auf dem ursächlichen Zusammenhange der Dinge, auf dem Erfahrungsurtheil, daß aus gewissen gegenwärtigen Zuständen nach dem Gesetze der Kausalität gewisse andere schadenbringende Zustände und Ereignisse erwachsen werden. O. V. G. E. vom 15./10. 94. Selbstv. 1895 S. 294. Aus wiederholten Belästigungen kann übrigens Gefahr, z. B. für Nervöse durch üble Gerüche, entstehen. Das Landrecht, § 1 I 6, versteht unter Schaden jede Verschlimmerung[1]) des Zustandes eines Menschen[2]) in Absicht seines Körpers, seiner Freiheit, Ehre oder seines Vermögens.[3])

Zwischen der Verfügung und der Gefahr muß die Beziehung bestehen, daß die Verfügung geeignet ist, der Gefahr zu begegnen. Die Gefahr muß eine unmittelbare sein.

8. „Amt der Polizei" soll heißen: Ist Sorge der Polizeibehörde. Der § 10 ist der einzige generelle Stützpunkt der Exekutive d. h. Verfügungs-Gewalt der Ortspolizei.[4]) Der § 6 des Gesetzes vom 11. März 1850 (G. S. S. 265) ist ein solcher nicht, die Motive und § 20 desselben Gesetzes sagen ausdrücklich; „Die den

---

[1]) Anscheinend also nur damnum emergens, nicht auch entgangener Gewinn.
[2]) analog anderer Rechtssubjecte.
[3]) Hinzu kommen noch die idealen Rechtsgüter.
[4]) Er erschöpft den Umfang der Polizeibefugnisse keineswegs.

Polizeibehörden nach den bisherigen „Gesetzen“ zustehende Exekutionsgewalt wird durch die vorstehenden Bestimmungen nicht berührt,“ sodaß das Gesetz lediglich die Verordnungsgewalt gestaltet. Denn daß mit mit der Exekutions**gewalt** nicht die Zwangsbefugniß gemeint ist, sondern die Gesetzesausführung, die Verfügungsbefugniß, geht daraus hervor, daß „Gesetze“ über Zwangsbefugnisse der Ortspolizeibehörden zur Zeit nicht existirten (M. R. v. 4. Juli und 28. Juni 1850. V. M. Bl. S. 211, 212), ferner daraus, daß § 20 nach einem Absatz fortfährt: Jede Polizeibehörde ist berechtigt, ihre polizeilichen Verfügungen durch Anwendung der gesetzlichen **Zwangsmittel** durchzusetzen, also die Zwangsgewalt der Verfügungsgewalt gegenübersteIlt. Auch der § 132 des Landesverwaltungsgesetzes vom 30. Juli 1883 versteht unter obrigkeitlicher **Gewalt** die Verfügungs- im Gegensatze zur Zwangsberechtigung. Die Zwangsbefugniß der Ortspolizeibehörden beruhte vordem auf Gewohnheitsrecht, entsprungen aus der Ueberzeugung, daß eine Verfügungsbefugniß ohne Zwang undenkbar sei. Ueber die jetzt zulässigen Zwangsmittel s. § 132 ff. L. V. G. Die Ansicht des Oberverwaltungsgerichts, daß in der Regel alles, was Gegenstand des Verordnungsrechts sei, auch zum Gegenstande einer polizeilichen Verfügung gemacht werden könne, ist nicht immer zutreffend, denn, wenn polizeiliche Verfügungen auch auf § 6 des Ges. v. 11. März 1850 gestützt werden könnten, so wäre § 10 II 17 so gut wie überflüssig geworden. Während Letzterer nur beim Bestehen von **Noth** und **Gefahr** ein polizeiliches exekutives Einschreiten gestattet, so würde § 6 z. B. in al. g. ein solches ganz allgemein für zulässig ansehen bei gemeinschädlichen und gemeingefährlichen Handlungen, Unternehmungen und Ereignissen.[1]) Dies schließt sich aber gegenseitig aus, denn § 10 II 17 ist nur auf die akute Gefahr zu beziehen, während § 6g des Ges. v. 11 März 1850 sich mit der prohibitiven Fürsorge gegen Auftreten von Gefahr befaßt. Dazu kommt, daß nach den von Rosin angezogenen Motiven die Anführungen des § 6 nur „einige“ Beispiele für die Befugniß zum Erlaß polizeilicher Vorschriften bilden sollen. Die Verfügungsbefugniß der Polizei würde, wenn sie im § 6 eine generelle Stütze finden dürfte, also eine fast unumschränkte, leicht zu Willkür und Parteilichkeit führende sein. Eine so ausgedehnte Verfügungs-Macht hat man aber den niederen Polizeibehörden nicht einräumen wollen, (Rosin, Polizeibegriff S. 41, 43) vielmehr die polizeiliche Exekutive im Gegensatze zur ortspolizeilichen nur bei der **Landespolizeibehörde** durch § 3

[1]) Gemeine Gefahr kann auch dann vorliegen, wenn **zunächst** nur ein Einzelner bedroht ist. (Erheben oder Umspringen des Windes bei ausgebrochenem Feuer!)

der Verordnung vom 26. Dezember 1808 auch auf die positive Thätigkeit, die sog. Wohlfahrtspolizei oder Pflege ausgedehnt.

Somit ist für die ortspolizeiliche Exekutive ein klarer Rahmen geschaffen. Noth und Gefahr, also nicht unbedeutende Störung des Normalen, sind die Gesichtspunkte, von denen aus die Ortspolizei ein generelles Recht zum exekutiven Einschreiten herleiten darf, **vorausgesetzt, daß nicht durch Selbsthülfe oder Anrufen des Gerichtes bezw. anderer Behörden Schutz gewährt werden kann.** Noth und Gefahr aber sind Verhältnisse, bei denen ein nicht unerheblicher Schade eintritt bezw. unmittelbar bevorsteht. Bei dem polizeilichen Eingriffe handelt es sich also in letzter Richtung um die Frage: Ist Noth und Gefahr vorhanden, d. h. der drohende Schade so wesentlich, daß die Polizei einschreiten muß? Diese Frage wird nach gesundem Gefühle und gesundem Verstande zu beantworten sein. Sie ist zumeist Ermessensfrage, aber nicht immer. Handelt es sich um Uebertretung von Strafvorschriften auf orts- oder landespolizeilichem Gebiete, so ist das Einschreiten der örtlichen Polizeiorgane stets geboten, denn es giebt keine Vorschrift, welche der Behörde gestattete, bei noch so geringen Uebertretungen von der Verfolgung abzustehen.

9. Mit dem Polizeiverordnungsrechte hat § 10 II 17 nichts zu thun. Wenn § 6i des Gesetzes vom 11. März 1850 von dem „was sonst „polizeilich" geordnet werden muß" spricht, so ist hierin nicht auf obengenannten Paragraphen Bezug genommen, sondern auf den Polizeibegriff des Landrechts, wie er sich in den §§ 1—3 II 13 des genannten Gesetzbuches findet. cf. Rosin, Polizeiverordnungsrecht II S. 125. S. oben.

10. Dagegen ist die Exekutivpolizei berufen, die Polizeiverordnungen zur Ausführung zu bringen, ebenso Gesetze, die der Polizei **speciell** Befugnisse übertragen. Abgesehen von der Criminalstrafgewalt führt die Polizei die Verordnungen pp. damit durch, daß sie durch Zwangsandrohung (s. die Bestimmungen des § 132 L. V. G.) zur Erreichung des Zweckes der Verordnung auf die Contravenienten zu wirken sucht oder selbst das Erforderliche vornimmt. Hier bewegt sich die Orts-Polizeiexekutive auch auf dem Gebiete der **Wohlfahrtspflege**, weil das **Polizeiverordnungsrecht** diese mit umschließt.

11. Es ereignet sich, zumal im Strafgesetzbuche, daß Vorschriften für die Bestrafung in noch nicht geregelten polizeilichen Materien (Normen) gegeben werden. Beruft dies Gesetz die zur Normbestimmung befugte Behörde nicht selbst, so ist, falls es sich um polizeiliche Angelegenheiten handelt, zur Normirung berechtigt **jede** Polizeibehörde (nicht nur die Landespolizeibehörde. Siehe Bornhak in Selbstv. 95

S. 721), natürlich innerhalb der ihr sonst zugewiesenen Competenz. Auch die Frage, ob die Materie im Wege der Polizeiverordnung zu regeln sei oder in demjenigen der polizeilichen Verfügung, bestimmt sich nach den sonstigen Regeln. Die Gesetze, meist Reichsgesetze, sprechen in der Regel von zu treffenden „Anordnungen". Dieser Begriff kann aber Verordnung wie Verfügung umfassen. Beispiele: § 367^{14} R. Str. G. B.: Verordnung und Verfügung, § 366^{10}: Verordnung, § 361^{6}: Verfügung. Während die Polizeiverordnung Jeder kennen muß, so daß ihn Unkenntniß derselben nicht schützt, braucht die Verfügung auch in der Form der Anordnung zunächst Niemand zu kennen. Die Kenntniß muß hier vor dem Strafrichter bewiesen werden (Reichsger.-Entsch. v. 24./5. 95, Selbstv. 95 S. 777).

12. Sowohl bei der Polizeiverordnung wie bei der Verfügung dictirt das Interesse des Gesammtwohles die Beschränkung der Rechtssphäre der Einzelnen, indem die positiven oder negativen Anordnungen der Behörde sowohl im Voraus als für den Eintritt bestimmter Fälle den Vollbesitz der Rechtssphäre beeinträchtigen (§ 1 II 17 A. L. R., Rosin V. R. II S. 140 § 23). Unter der Rechtssphäre werden begriffen: einmal die natürlichen Güter (Leben, Gesundheit, Freiheit, Ehre, Vermögensobjecte), welche unter dem Schutze des Rechtes, namentlich des Strafrechtes, stehen (Rechtsgüter), und die erst von der Rechtsordnung verliehenen subjectiven Rechte, d. h. die durch das objective Recht hervorgerufenen Berechtigungen der Personen. Rechtsgut ist nach Binding Alles, was in den Augen des Gesetzgebers für die Rechtsordnung von Werth ist, und dessen ungestörte Erhaltung derselbe deshalb sicher stellen muß. Rechtssphäre ist also die Summe der Rechtsgüter und der subjectiven Rechte des Einzelnen (s. Müller, Verwaltungsrechtspflege S. 143 ff., 148, S. 67 ff.).

13. Polizeiliche Verfügungen im Sinne des L. V. G. sind die Aeußerungen der Verfügungsgewalt der Polizeibehörden. Sie gehen also aus von Polizeibehörden und enthalten das Resultat eines Erwägens über Anwendung der ihnen beiwohnenden polizeilichen Machtvollkommenheit. Unter polizeilichen Verfügungen werden daher im gewöhnlichen Sinne[1]) nicht verstanden Dispositionen polizeilicher Natur, welche von anderen als Polizeibehörden, z. B. Militärbehörden ausgehen, ferner nicht solche Auslassungen der Polizeibehörden, bei welchen ein eigentlich polizeiliches Disponiren fortfällt, z. B. bei der Ertheilung einer Bescheinigung über Armuth (O. V. G. v. 29./10. 95, Selbstv. 96 S. 582). Sonst ist es gleichgültig, in welche Form sich die

[1]) Anders im Sinne des Ges. v. 11. Mai 1842.

Aeußerung der polizeilichen Verfügungsgewalt kleidet. Ob die Verfügung, die ein Disponiren über eine Materie auf Grund der Exekutivgewalt enthält, ein Befehl ist, oder eine Genehmigung formeller oder nicht formeller Natur (bedingter oder fehlsamer Consens zum Bauen, Erlaubniß, Steine auf der Straße lagern zu lassen), ist gleichgültig; wesentlich ist nur, daß die Polizei etwas verbietet oder gebietet, was sonst erlaubt bezw. nicht Pflicht ist, daß etwas erlaubt wird, was ohne positive Erlaubniß der Polizei nicht geschehen darf, oder daß dieses nicht erlaubt wird — ganz oder nur zum Theil (s. Anm. 4 zu § 50 L. V. G.). Dagegen liegt eine polizeiliche Verfügung dann nicht vor, wenn die Polizei ein Einschreiten abzulehnen erklärt, wo solches nicht besonders geboten ist, worauf der Petent keinen Anspruch hat[1]). Ein selbstständiges Ermessen kann auch den der Behörde untergeordneten Organen vorläufig eingeräumt sein, z. B. einem Gemeindevorsteher oder einem Gensdarmen. Dann liegt auch schon so lange eine polizeiliche Verfügung vor, bis die Anordnung von der vorgesetzten Behörde geregelt wird.

14. **Unterschied von der Polizeiverordnung.** Schon äußerlich entfernen sich die beiden Ausflüsse der polizeilichen Machtvollkommenheit von einander. Während — der Regel nach — die Polizeiverordnung an die Allgemeinheit gerichtet ist, ergeht die Polizeiverfügung zumeist an Einzelne, darum muß die Verordnung publicirt, d. h. öffentlich bekannt gemacht werden, während die Verfügung zugestellt wird. Während die Polizeiverordnung an eine besondere Form gebunden ist (Benennung, Bezug auf delegirendes Gesetz, Art der Verkündigung), ist die Verfügung ohne formellen Character. Die Letztere wird durch einen gegenwärtigen, die Erstere durch in der Zukunft gedachte Thatbestände veranlaßt (s. des Weiteren Anm. 6 zum Gesetze vom 11. März 1850).

15. **Form der Verfügung im Allgemeinen.** Wenn auch die Polizeiverfügung durch weitere Formvorschriften, z. B. Mittheilung der gegen dieselbe zulässigen Rechtsmittel, nicht gebunden ist, so ist doch die Regel wenigstens die Schriftlichkeit; über mündliche Verfügungen s. V. M. Bl. 1866 S. 25, Comp. Ger. E. vom 14./10. 65. Für die Zustellung ist diese nicht vorgeschrieben; es genügt, daß der Beweis der Zustellungszeit zur Berechnung des Fristlaufes für die Anfechtung gesichert werde. Die Eröffnung einer Verfügung zu Protokoll erscheint zulässig. Wünschenswerth ist, daß der Verfügung sogleich die Androhung des in Aussicht genommenen Zwangsmittels und nöthigenfalls

---

[1]) In der Regel sind die Verfügungen **Anordnungen thatsächlicher Natur**, ausnahmsweis **Streitentscheidungen** über **Rechtsverhältnisse**, z. B. bei Gesindestreit (O. V. G. XII 369).

die Bestimmung über vorläufige Vollstreckbarkeit (§ 50 L. V. G.) beigefügt werde. Anordnung und Ausführung müssen im Nothfalle verbunden werden, z. B. Herstellung eines Nothweges. Hier liegt sowohl Verfügung wie Anwendung eines Zwangsmittels vor, weswegen auch die Rechtsmittel gegen beide gegeben sind. Gegenüber Behörden ist nach der Gerichtsordnung als Zwangsmittel die Beschwerde bei deren vorgesetzter Instanz gegeben (O. V. G. V S. 86). Gemeinde- und Gutsvorsteher und andere unterstellte Beamte treffen nur vorläufige Anordnungen, z. B. im Falle der Noth bis zur Herbeiführung der Entschließung der Polizei. Erfolgt keine Mißbilligung, so gilt die Verfügung ex tunc. (O. V. G. v. 16./10. 96, S. 73).

16. Die Polizeiverfügung legt neue Lasten nicht auf. Sie deklarirt vielmehr, daß die Erfüllung gesetzlicher Pflicht nöthig sei. Das Gegentheil ist nur scheinbar vorhanden; denn es ist ein Rechtsgrundsatz, daß ein Jeder für sein Eigenthum und seine Person sich so zu verhalten habe, daß sein Thun und Lassen mit dem öffentlichen Interesse im Einklang sich befinde (§ 74 Einleitung zum Allg. Landrecht. S. zu Art. 9 Verf.).[1] Das öffentliche Interesse aber ist geregelt durch das öffentliche Recht. Das Privatrecht kann öffentliches Recht nicht ändern, muß vielmehr, da es nur die Beziehungen der Privaten unter einander regelt, des Gemeinwohles wegen dem öffentlichen bei Collisionen weichen (z. B.: sind Alluvionen nach Privatrecht wohlerworben, so können sie doch polizeilich ohne Entschädigung beseitigt werden, soweit sie die normale, ursprüngliche Breite des Wasserlaufes beeinträchtigen). Das öffentliche Recht hat Vorsorge getroffen für die Regelung der Pflichten der Einzelnen gegenüber der Gesammtheit. Darum hat die Polizei meist leichte Entscheidung, wenn sie an die Frage herantritt, wer im Allgemeinen polizeiwidrigen Zuständen abzuhelfen habe. Es ist der von vornherein nach öffentlichem Rechte Verpflichtete. Diese Feststellung ist zumeist auch im concreten Falle keine schwierige, wenngleich es verschiedene Quellen öffentlichen Rechtes giebt, und von der Regel abweichende Normen von ihm aufgestellt werden können (Observanz, Receß). Privatrechtliche Abmachung, wonach Jemand die nach öffentlichem Rechte von einem Anderen geschuldete Leistung auf sich übernimmt, bindet die Polizei absolut nicht. Wird die Uebernahme der Pflicht nicht geleugnet, so kann sich die Behörde allerdings practischerweise an den Dritten wenden. So wenig im Rechtsstaate, der sich an die selbstgegebenen Normen gefesselt hält, die

[1]) Dieser Grundsatz fällt fort, wenn natürliche Verhältnisse eines Nachbargrundstücks Gefahr für den Verkehr hervorbringen (Wegebaupflichtiger!), O. V. G. E. v. 28./10. 96 XXX S. 214.

Polizeibehörde auf ihr gebotenes Eingreifen verzichten kann, so wenig kann ihre Eingriffsbefugniß ohne gesetzliche Ermächtigung zum Erlöschen gebracht werden. Daher kann Verjährung das gebotene Einschreiten der Polizei im öffentlichen Interesse Mangels gesetzlicher Vorschrift nicht aufhalten, z. B. die Thatsache, daß Jemand seit rechtsverjährter Zeit eine dem öffentlichen Interesse nicht entsprechende, aber sonst erlaubte Benutzung eines Gewässers zum Flachsröthen geübt hat. Anders liegt der Fall, wenn es sich um die aus concurrirendem öffentlichem Interesse geschützte Hebeberechtigung einer Commune handelt, und der den Zoll Hinterziehende den Einwand hat, er habe gegen den Berechtigten durch Verjährung das Recht der Befreiung vom Wegezoll erworben. Hier fällt natürlich mit der Berechtigung auch der Schutz fort. Noch anders liegt die Sache, wenn es sich um Nichtwahrung eines Rechtes der Polizei zur fakultativen Regelung von Verhältnissen innerhalb der Verjährungsfrist handelt. (S. § 3 Gesetz über die Benutzung der Privatflüsse v. 28. Februar 1843 [Regelung von Abwässern], Erk. des Reichsgerichts vom 26./5. 1886.)[1] Liegt eine Störung der normalen Verhältnisse vor, so kann sich die Polizei an denjenigen wenden, der den Schaden verursacht hat, z. B. an den, welcher eine Straße durch Ziehung eines Grabens unfahrbar gemacht hat. Ueberhaupt hat die Polizei das Recht, sich an Jeden zu halten, der nach dem Gesetze verantwortlich gemacht werden kann, und für sich oder seinen Besitz in der Lage ist, polizeiwidrigen Verhältnissen abzuhelfen oder mitabzuhelfen. Sie kann sich daher an den Miether wie den Vermiether, an Herrschaft wie Gesinde, an Eigenthümer wie Nutznießer, an den einen oder den anderen betheiligten Nachbar oder an mehrere solcher Personen halten. Die Aufgabe ist immer die, auf die zweckmäßigste Weise für die Durchführung der polizeilichen Aufgaben zu handeln. Darum kann die Verfügung auch gegen nichtbetheiligte Personen gerichtet werden, vorausgesetzt, daß die Gefahr auf andere Weise nicht abgewendet werden kann, als durch Eingriff in deren Rechte. Eine Regreßnahme des Betroffenen gegen Dritte ist selbstredend vorbehalten. Wenn die Behörde in ihrem Handeln nicht lahmgelegt sein soll, so muß sie auch die Befugniß haben, in die Privatrechte eingreifen zu können, zumal in das Grundeigenthum, und sie leitet ihre Befugniß hierzu daraus her, daß sie im öffentlichen Interesse auf Grund öffentlichen Rechtes arbeitet, das Privatrecht aber dem letzteren nachsteht. Ist kein Ver-

---

[1]) Rassow-Küntzel XXXII S. 945. Ob. V. G. VIII S. 223 u. 5. Nov. 1891. Selbstv. S. 823. An öffentlichen Flüssen und Wegen können durch Verjährung keine zweckhindernden Rechte erworben werden.

pflichteter vorhanden, so sind die Kosten von der örtlichen Polizeiverwaltung, d. h. in der Regel von $\frac{\text{der Stadtgemeinde}}{\text{dem Amtsbezirke}}$ zu tragen (§ 3 G. v. 11./3. 50).

17. Von den allgemeinen polizeilichen Verfügungen unterscheiden sich besonders die wege- und wasserpolizeilichen, bei denen die Rechtsmittel und die Prüfung des Inhaltes anders geordnet sind. Solche liegen aber nur dann vor, wenn sie an den normal Räumungspflichtigen, bezw. normal Bau- bezw. Unterhaltungspflichtigen gerichtet sind (§ 56, 66 Zuständigkeitsgesetzes) und es sich um nichts anderes als Bau- bezw. Räumung und Unterhaltung handelt, bezw. um Anerkennung der entsprechenden Pflicht und Kostenerstattung.

18. Eine eigenartige Form der Verfügung liegt dann vor, wenn die Polizei nicht selbst anordnet, sondern nur einen nicht von ihr hervorgebrachten Thatbestand nachträglich oder vorgängig aus Gründen des öffentlichen allgemeinen positiven Interesses zu schützen oder zu genehmigen erklärt. Hat z. B. Jemand einen Graben gezogen, durch welche Handlung ein Anderer sich in seinen Rechten beschwert fühlt, so liegt polizeiliche Verfügung in dem Nichteinschreiten der Behörde auf deren Anrufung (R. G. E. v. 10./10 93 u. 28./11. 94, J. M. Bl. 94 S. 77, 95 S. 227.)

19. Die polizeilichen Verfügungen müssen klar angeben, aus wechem Anlasse sie ergehen, weswegen eine Aenderung in dem Bestehenden zu erfolgen habe, und welche Anforderung daher an den Verpflichteten gestellt werde: z. B. „Sie lassen Abwässer über den ungepflasterten Hof laufen, dieselben stagniren oder versickern; da Sie hierdurch die Luft und das Grundwasser gefährden, so muß eine cementirte Rinne zur schnellen und sicheren Abführung binnen (der und der) Frist hergestellt werden." Diese Ausführlichkeit ist nothwendig, um die Rechtmäßigkeit oder Zweckmäßigkeit der Verfügung prüfen zu können. Hiergegen kann etwa eingewendet werden: Die Abwässer kämen vom Nachbargehöft, die Behörde solle daher die Verfügung an den Nachbar richten, daß er die Ableitung ändere, oder: „Ich werde die Wässer in einem Behälter auffangen und sie unschädlich beseitigen." Die Behörde ist nämlich nicht immer in der Lage, anordnen zu könen, was zur Abhülfe eines Mangels zu geschehen habe, sondern nur berechtigt, zu befehlen: „Dem Mangel muß abgeholfen werden." Am wenigsten darf sie etwa patentgeschützte theuere Vorrichtungen anzubringen, verfügen. Vielmehr ist es Sache des Verpflichteten, zu prüfen, wie er am Zweckmäßigsten und für ihn am Billigsten den Fehler beseitigen könne. Vorausgesetzt ist natürlich, daß der berechtigten polizeilichen Anforderung

volle dauernde Genüge geleistet werde und nicht bloß momentan Abhülfe geschehe.

20. Ehe der Polizeiverwalter die Verfügung absetzt, hat er zu prüfen: 1) ob er räumlich und sachlich zum Eingriffe zuständig sei. Es kann sich unter Umständen z. B. darum handeln, ob ein unleserlich gewordener Wegweiser auf dem Terrain der Gemeinde A oder B stehe. Andererseits kann eine Collision zwischen Straßenpolizei und Hafenpolizei denkbar sein; letztere steht dem Ortspolizeiverwalter meist nicht zu. 2) Worin liegt die Stütze für den Eingriff? Ist Gefahr gemäß § 10 II 17 Allg. Landrecht vorhanden? Gründet sich das Einschreiten sonst auf ein Gesetz oder eine Verordnung?

Eventuell: Ist der Auftrag zum Eingreifen, wenn er von vorgesetzter Behörde ausgeht, oder wenn Requisition einer anderen, nicht vorgesetzten vorliegt, formell und sachlich in Ordnung? Ist die Polizeiverordnung richtig publicirt? Diese Fragen sind wegen eventuellen Rückgriffes zu prüfen. 3) Wer ist derjenige, der nach öffentlichem Rechte verpflichtet ist, abzuhelfen? Wenn mehrere vorhanden: Wer ist derjenige, durch dessen Angehen am Angemessensten der Zweck erreicht wird? 4) Wodurch wird dem Mangel am Zweckmäßigsten abgeholfen? Welches Zwangsmittel ist im Weigerungsfalle als das Practischste anzudrohen? Welche Frist muß einerseits im Interesse des Zwecks, andererseits im Interesse des Verpflichteten für die Ausführung gesetzt werden?

21. Abgesehen von der Deich-, Strom-, Schifffahrts- und Hafenpolizei ist die Thätigkeit der Lokalbehörden im engsten Sinne ausgeschlossen von der Uebung der Jagdpolizei. § 29, Erl. v. 14./11. 53 G. S. S. 935; § 59 Kr. O.; § 103 Zust.-Ges. v. 1. August 1883, Ges. v. 7. März 1850 (G. S. S. 167). Die Jagdpolizei liegt vielmehr dem Landrath ob, während die Strom-, Schifffahrts- und Hafenpolizei der Landespolizei zufallen. Ueber Gewerbe- und Baupolizei siehe Biermann, „Privatrecht und Polizei". Eigenthümlich gestaltet sich die Handhabung der Polizeigewalt betreffs der Chausseeen. Die Chausseepolizei liegt nach § 10 des Regulativs vom 7. Juni 1844 (G. S. S. 167) dem Landrath ob, aber nur in den Landgemeinden. Die gewöhnliche Straßenpolizei verbleibt innerhalb der Orte der Ortspolizei, so daß die gewöhnliche Straßenreinigung von Letzterer, die chausseemäßige Reinigung aber von Ersterem zu ordnen ist. Die Chausseebaupolizei steht, was vielfach nicht beachtet ist, dem Regierungs-Präsidenten zu. (§ 3[2.c] Reg.-Instr. v. 23./10. 1817 G. S. S. 248) O. V. G. Bd. 21, 242 ff.

22. Die Polizei hat nicht das Recht, sich eine andere Behörde zu

substituiren, um etwas anzuordnen oder zu genehmigen, schon um keine Verwirrung in die Rechtsmittelordnung zu bringen. Ebensowenig hat sie sich an Stelle anderer Behörden zu setzen, wenn diesen polizeiliche Befugnisse übertragen sind. (So ist die Fluchtlinienfestsetzung Sache der Gemeinde und wird durch deren Vorstand vorgenommen. Dies gilt auch für einzelne Grundstücke[1]) und Gebäude bezw. deren Theile. Andererseits hat hier die Polizei die Gemeinde in ihren durch die provisorische bezw. definitive Fluchtlinienordnung erworbenen Rechten zu schützen. O. V. G. V 383, XXI 375; VII 327, VIII 324; XIV 387, M. R. v. 15. Februar 1887 S. 70. § 1—3, 7 ^{2}, 11, 13, Ges. v. 2./7. 75; § 9 ^{3} Ges. v. 11./6. 74. O. V. G. VIII 299 S. den Commentar von Friedrichs, III. Aufl. 1894.)

Keine vorgesetzte Behörde hat die Befugniß, ohne Weiteres die Rechte der nachgeordneten an sich zu ziehen; dies darf nur geschehen im Falle der Noth, das heißt, wenn anders als durch Usurpation des Rechts der Zweck sich nicht erfüllen läßt, oder wenn, wie bei Viehseuchen eine besondere Bestimmung das Ansichziehen zuläßt. S. § 2 Ges. v. $\frac{\text{12. März 1881 G. S. S. 128}}{\text{18. Juni 1894 G. S. S. 115}}$ § 2. Ueber die Form der veterinärpolizeilichen Anordnungen und über die Grenzen des orts- und landespolizeilichen Ressorts s. Rosin, Pol. V. R. S. 62 u. 167. Ebensowenig darf die obere Behörde ohne Weiteres ihre Befugnisse der unteren delegiren. Ist aber im Falle der Noth, z. B. bei Hochwassergefahr eine Ortspolizei von der Landespolizeibehörde mit der Ausführung einer Anordnung landespolizeilichen Inhalts betraut, so liegt eine landespolizeiliche Verfügung vor. Handelt die Ortspolizei zwar im Auftrage, aber innerhalb ihrer Zuständigkeit, selbst gegen ihren Wunsch, so liegt natürlich ein Act der Ortspolizei vor.

23. Im Zweifelsfalle ist die Frage nach dem Bestehen einer „Verfügung" nach Form und Inhalt, nach dem ganzen Wortlaut, Sinn und Entstehung derselben zu prüfen, eventuell festzustellen, welche Materie die für Beurtheilung der Frage nach dem Character der Verfügung ausschlaggebende, das Wesen der Anordnung beherrschende sei.

24. Eine Belehrung über die Rechtsmittel ist nur da geboten, wo das Gesetz dies ausdrücklich fordert (z. B. in Ansiedelungssachen. G. v. 25./8. 1876, bei gewerblichen Anlagen, Wege-Verlegungen und Einziehungen).

25. Wegen des Geltungsbereichs v. § 10 II 17 s. No. 6 zu A.

---

[1]) § 13 Anw. v. 28. Mai 1876. M. Bl. 76. S. 135.

C. Landespolizei.

Königliche Verordnung vom 26. Dezember 1808.[1])

(Rabe, Sammlung Band IX S. 415.)

„Als Landespolizeibehörde [dagegen] haben die Regierungen die Für-„sorge wegen des Gemeinwohles der Unterthanen sowohl in negativer „als positiver Hinsicht. Sie sind daher so berechtigt als verpflichtet, „nicht allein Allem vorzubeugen und solches zu entfernen, was dem „Staate und seinen Bürgern Gefahr und Nachtheil bringen kann, mithin „die nöthigen Anstalten zur Erhaltung der öffentlichen Ruhe, Sicherheit „und Ordnung zu treffen, sondern auch dafür zu sorgen, daß das allgemeine „Wohl befördert und erhöhet werde, und jeder Staatsbürger Gelegenheit „habe, seine Fähigkeiten und Kräfte in moralischer sowohl als physischer „Hinsicht auszubilden und auf die ihm zuträglichste Weise anzuwenden.

1. Der Paragraph bildet die jetzige Grundlage der landespolizeilichen Exekutive. Er unterscheidet wie die §§ 2 und 3 im Tit. II 13 des Landrechts die Pflicht, vorzubeugen und zu entfernen, was Gefahr und Nachtheil bringen kann, nebst Erhaltung der öffentlichen Sicherheit u. s. f. einerseits und andererseits die positive Förderung des allgemeinen Wohles nicht nur, sondern auch der Einzelnen in moralischer wie physischer Beziehung. Der erstere Passus deckt sich fast wörtlich mit § 10 II 17, nur daß der Landespolizeibehörde auf dem Gebiete der sog. Sicherheitspolizei in diesem Sinne schon ein Einschreiten zum Zwecke der Abwendung von „Nachtheilen" gestattet ist gegenüber der Befugniß der Ortspolizei, welche nur beim Eintritt bezw. Bevorstehen von „Gefahr" Platz greift. Der „Sicherheitspolizei" steht gegenüber im zweiten Passus des § 3 Vo. 1808 die Wohlfahrtspolizei oder Pflege. In derselben Vo., § 45, wird der Landespolizeibehörde in gleichem Umfange schon das Verordnungsrecht eingeräumt, nicht aber der Ortspolizei. S. Ges. v. 11./3. 50. Darüber, daß § 3 Vo. v. 26./12. 1808 noch in Kraft besteht, soweit er die Verfügungsgewalt der Landespolizeibehörde betrifft, kann kein Zweifel sein. Viermann nimmt allerdings an, im „Wesentlichen" sei keine Wohlfahrtspolizei geübt worden. S. 16. cf. Rosin. § 20 des Ges. v. 11./3. 1850 hat auch ausdrücklich die Gesetze über die Exekutivgewalt, wozu die Vo. recht eigentlich gehört, aufrechterhalten. (S. No. 8 zu § 10 II 17.)

2. Zur Landespolizei (s. zu A 5) gehört auch die Strom-,

---

[1]) Vgl. § 45 a. a. O. (Polizeiverordnungsrecht), und §§ 2, 3 Regierungsinstruktion v. 23. October 1817 (G. S. S. 248).

Schifffahrts= und Hafenpolizei § 59 Kr. O.; G. v. 20./8. 83. Ob es eine Schulpolizei gebe, ist bestritten. (Kamm.=Ger. 8./7. 95.) cf. Kleinbahngesetz v. 28./7. 92, § 52. Organe: M. R. 15./5. 97, M. Bl. S. 120.

3. Die Anwendung von Zwang auf wohlfahrtspolizeilichem Gebiete ist nur zulässig, sofern solcher als unentbehrlich im Interesse der Gesammtheit erscheint. (S. Rosin, Polizeibegriff S. 22.)

4. Ueber das Geltungsgebiet s. Anm. 6 zu A.

D. Schutz der Person; Präventivpolizei.

Gesetz vom 12. Februar 1850.

§§ 6—10, 12².

„§ 6. Die im § 3 genannten Behörden, Beamten und Wachtmann=„schaften sind befugt, Personen in polizeiliche Verwahrung zu nehmen, „wenn der eigene Schutz dieser Personen oder die Aufrechthaltung der „öffentlichen Sittlichkeit, Sicherheit und Ruhe diese Maßregel dringend „erfordern. Die polizeilich in Verwahrung genommenen Personen müssen „jedoch spätestens im Laufe des folgenden Tages in Freiheit gesetzt oder „es muß in dieser Zeit das Erforderliche veranlaßt werden, um sie der „zuständigen Behörde zu überweisen.

„§ 7. In eine Wohnung darf wider den Willen des Inhabers „Niemand eindringen, außer auf Grund einer aus amtlicher Eigenschaft „folgenden Befugniß oder eines von einer gesetzlich dazu ermächtigten „Behörde ertheilten Auftrags.

„§ 8. Das Eindringen in die Wohnung während der Nachtzeit „ist verboten. Die Nachtzeit umfaßt für die Zeit vom 1. October bis „31. März die Stunden von 6 Uhr Abends bis 6 Uhr Morgens und „für die Zeit vom 1. April bis 30. September die Stunden von 9 Uhr „Abends bis 4 Uhr Morgens.

„§ 9. Das Verbot, in eine Wohnung zur Nachtzeit einzudringen, „begreift nicht die Fälle einer Feuers= oder Wassersnoth, einer Lebens=„gefahr oder eines aus dem Innern der Wohnung hervorgegangenen „Ansuchens; es bezieht sich nicht auf die Orte, in welchen während der „Nachtzeit das Publikum ohne Unterschied zugelassen wird, so lange diese „Orte dem Publikum zum ferneren Eintritt oder dem eingetretenen „Publikum zum ferneren Verweilen geöffnet sind.

„§ 10. Zum Zweck der vorläufigen Ergreifung und Festnahme „einer Person, welche bei Ausführung einer strafbaren Handlung oder „gleich nach derselben verfolgt worden, sowie zum Zweck der Wieder=„ergreifung eines entsprungenen Gefangenen, darf der verfolgende oder

„zugezogene Beamte, ingleichen die verfolgende oder zugezogene Wacht-„mannschaft, auch zur Nachtzeit in eine Wohnung eindringen. Außerdem „darf zum Zwecke der Verhaftung oder vorläufigen Festnahme der ver-„folgende Beamte nur dann zur Nachtzeit in eine Wohnung eindringen, „wenn dringende Gründe dafür sprechen, daß bei längerer Verzögerung „der Verfolgte sich der Festnahme ganz entziehen werde. Der Zutritt „zu den von Militairpersonen benutzten Wohnungen darf den Militair-„Vorgesetzten oder Beauftragten, Behufs Vollziehung dienstlicher Befehle, „auch zur Nachtzeit nicht versagt werden. Das Verbot, in eine Wohnung „bei Nachtzeit einzudringen, bezieht sich nicht auf diejenigen Räume, welche „die Zoll- und Steuerbeamten zur Vollziehung der ihnen obliegenden „Revisionen zu betreten berechtigt sind, ohne durch die Bestimmungen der „Zoll- und Steuergesetze auf die Tageszeit beschränkt zu sein.

„§ 12². Das Verbot, Haussuchung bei Nachtzeit vorzunehmen (§ 8) „findet keine Anwendung:

„2) auf Orte, welche der Polizei als Schlupfwinkel des Hazard-„spiels, als Herbergen und Versammlungsorte von Verbrechern, „als Niederlagen verbrecherisch erworbener Sachen, oder als „Aufenthaltsorte liederlicher Frauenszimmer bekannt sind.

1. Der Gesetzgeber hat geglaubt, die persönliche Freiheit durch besondere Bestimmungen schützen zu müssen. Er thut dies in der Strafprozeßordnung und im Ges. v. 12./2. 50. Während sich die landespolizeiliche Exekutive auch mit der positiven Förderung des Gemeinwohles befaßt, ist die Ortsexekutive auf eine mehr negative Thätigkeit beschränkt. Diese kann präventiver (vorbeugender) und repressiver (beseitigender und ahndender) Natur sein. Auf dem Gebiete des Criminalrechts ist aber die Exekutive der Verwaltungs-Polizei auf die Prävention beschränkt. Die Function der Polizei auf dem Gebiete der Verfolgung begangener Strafthaten gehört zum Criminalpolizeiressort. Siehe die Bestimmungen der Strafprozeßordnung über die Hülfsthätigkeit der Polizei-Behörden und Beamten, insbesondere über Festnahme, Beschlagnahme, Durchsuchung. Die sog. „Strafmandate" haben mit Exekutivstrafen ebensowenig zu thun, wie die Machtmittel der Criminalpolizei mit den Zwangsmitteln der Präventivpolizei, Sistirung, Haussuchung pp., welche ihr auf dem Gebiete der Aufrechterhaltung der öffentlichen Sicherheit und Ordnung zustehen. Was daher auf repressivem Gebiete der Polizei versagt ist, kann ihr auf präventivem Gebiete sehr wohl gestattet sein.

2. „Sittlichkeit." Es erscheint hier eine andere Ausdrucksweise als im § 10 II 17 Allg. Landr. Der Ausdruck „Ordnung" fehlt. Im Wesentlichen werden sich die Begriffe Ruhe, Sicherheit etc. beider

Gesetze decken. Ob „Ruhe“ die Bedeutung „innere Ruhe des Staates“ oder „Ruhe auf öffentlichen Straßen und Plätzen“ trägt, ist gleichgültig; ist der erstere Begriff gemeint, so liegt die Befugniß der Behörde, für die Verhütung ruhestörenden Lärms zu sorgen, darin, daß solcher strafrechtlich verboten ist; liegt der Letztere vor, so garantirt das Wort „Sicherheit“ die Befugniß der Polizei zur Verhütung von Rechtsverletzungen betreffs der allgemeinen inneren Ruhe des Staates. (S. Instruction für die Wachen vom 29. Januar 1881, besonders §§ 15 und 16.) Ueber die Verwahrung Wahnsinniger s. § 341 Theil II Titel 18 Allg. Landrecht. Die im § 3 genannten Behörden und Beamten sind die Polizeibehörden und andere Beamte, welchen nach den bestehenden Gesetzen die Pflicht obliegt, Verbrechen und Vergehen nachzuforschen. Hierbei ist zu bemerken, daß die Gendarmen und sonstigen Polizeiexekutivbeamten immer im Dienste sind, außer, wo das Gegentheil klar erhellt, z. B. wenn sie beurlaubt sind oder ihren Acker bestellen. Dagegen ist es gleichgültig, daß sie zur Zeit nicht zum Patrouillendienst sondern z. B. mit dem Austragen von Briefschaften beschäftigt sind. (O. V. G. v. 15./2. 1890. Selbstv. 1891. S. 14.) — Vergl. § 26 Regul. v. 8./8. 1835.

M. R. v. 8./8. 1893 M. Bl. 173. Isolirung Seuchenverdächtiger[1]).

3. Strafverfolgung und Prävention können zusammenfallen. Erregt ein Fremder ruhestörenden Lärm, so wird er nicht nur arretirt, um die That zu sühnen, sondern auch um ihn von Begehung weiterer Ruhestörung und Erregung von Auflauf in der Trunkenheit abzuhalten. Liegt eine Strafthat vor, so ist nach den Bestimmungen der Strafprozeßordnung der Festgenommene unverzüglich dem Amtsgerichte vorzuführen. Diese Vorführung kann auch eine sog. symbolische sein, d. h. durch Zurdispositionsstellung der Person bei Uebersendung der Acten erfolgen, also ohne persönliche Transportirung. (M. R. v. 3. Dec. 1889. V. M. Bl. S. 220.) Das Wort „unverzüglich“ ist übrigens nicht dahin aufzufassen, daß die Vorführung absolut immer spätestens am Tage nach der Festnahme zu erfolgen habe, sondern es kann, allerdings ausnahmsweise, der Festgenommene länger festgehalten werden, wenn die Polizei die Zeit nothwendig braucht, um genügendes Belastungsbeweismaterial zu sammeln, welches den Richter zur weiteren Verhaftung veranlassen soll, oder wenn der Thäter erkrankt. (R. Ger. 15./3. 97).

4. In § 8 ist höchst beachtenswerth, aber meist nicht beachtet, daß die Frist zum Eindringen in eine Wohnung eine von der in der

[1]) Ausweisung Bestrafter s. M. Bl. 1894 S. 147, Abweisung Unterstützungsbedürftiger s. M. Bl. 1891 S. 170, Ausweisung von Ausländern V. v. 10./12. 90.

Strafprozeßordnung festgesetzten abweichende ist. In den Wintermonaten darf also z. B. nach 6 Uhr Abends Niemand mehr sistirt d. h. zwangsweis gestellt werden, sofern nicht die Bestimmungen der Straf Proz. Ord. Anwendung erleiden. Die Sistirung ist weiter nichts als unmittelbarer Zwang. Hierbei sei bemerkt, daß die Polizei nicht nur befugt ist, Personen, von denen sie in Angelegenheiten ihres Ressorts wünschenswerthe Auskunft erwartet, vorzuladen und der Verfügung bei Widerstand nöthigenfalls durch Zwangsgestellung Nachdruck zu geben, sondern gemäß Erk. des Ob. Verw. Ger. v. 8. October 1887 (M. Bl. S. 242), auch die Befugniß hat, durch Zwangsmittel auf die Auskunftertheilung selbst, zu der genannter Gerichtshof die Personen für rechtlich verbunden erachtet, hinzuwirken. Diese Zwangsmittel haben die Behörden (nicht die Beamten) des Polizei- und Sicherheitsdienstes auch auf dem strafprozessualen Gebiet. (R. G. E. 30./9. 80 II S. 282) (M. R. v. 21./5. 1892 B. M. Bl. S. 222) die Beschwerde geht aber hier an die Staatsanwaltschaft (O. V. G. 1894 8/5 Bd. 26 S. 386). (M. R. v. 9./5. 96. B. M. Bl. S. 79). Die Beamten müssen die Behörde selbst um die Anwendung der Zwangsmittel angehen, wenn auch eine Gestellungspflicht vor ihnen besteht. (S. §§ 50, 69, 70 Straf Pr. O. u. § 6 des Einf. Ges. dazu.) Auch die polizeilich in Strafsachen vorgeladenen Personen haben Anspruch auf Kostenersatz u. s. w. nach Maßgabe der Gebührenordnung v. 30./6. 1878 R. G. Bl. S. 173. Findet die Untersuchung auf Ersuchen der Staats- oder Amtsanwälte, des Untersuchungsrichters oder des untersuchenden Gerichtes statt, so ersetzt der Staat direkt die Kosten. (M. Bl. d. V. 1850 S. 188. 1866 S. 23). Vergl. J. M. R. v. 11./12. 94 No. 4822. Die außerhalb von Strafsachen Vorgeladenen dürften zu Entschädigungen nicht berechtigt sein, da eine specielle Vorschrift hierüber mangelt. All. Ldr. Einl. § 73. Siehe allerdings V. v. 15./10. 65. B. M. Bl. 65 S. 282.

5. Wie die Person, so ist auch das Haus mit besonderem Schutze umgeben. Das Gesetz regelt daher für die Tages- und Nachtzeit die Berechtigung der Polizei zum Eindringen in Wohnungen. Wo aber die generelle oder specielle Ermächtigung für dies Eindringen vorliegt, da erstreckt sie sich nicht nur auf die Wohnung, sondern auch auf Garten, Hof, und sonstige Grundstücke und Räume[1]), sodaß z. B. die Polizeibeamten durchaus in der Lage sind, zu überwachen, ob in den Häusern Contraventionen gegen die gesetzlichen und polizeilichen Be-

[1]) O. V. G. 15./2. 1890 Bd. XIX S. 439.

stimmungen über die Sonntagsruhe begangen werden. cf. § 139b Gew. Ordnung, wo es heißt, daß den Gewerbeaufsichtsbeamten alle amtlichen Befugnisse der Ortspolizeibehörden zustehen, insbesondere das Recht zur jederzeitigen Revision der Anlagen. Die Gewerbetreibenden haben daher dafür zu sorgen, daß dies stets möglich ist. Das Revisions-Recht kann beschränkt sein; so ist z. B. betreffs Revision der Maaße und Gewichte angeordnet, daß dieselben nur in den Räumen vorzunehmen seien, in denen Waaren für Jedermann feilgehalten oder verkauft werden, nicht in den dem inneren Fabrikbetriebe dienenden. (M. R. v. 19./7. 95.) Hier fehlt eben das öffentliche Interesse.

6. In einzelnen Materien ist die Prävention ausgeschlossen z. B. §§ 23, 30 R. Ges. v. 7. Mai 1874.

---

9 u. 10 Ges. v. 12. Mai 1851.

7. Ueber ihr Eingreifen auf Grund des Ges. v. 12. II 1850 haben die Exekutivbeamten genaue Berichte bei Angabe der Beweise zu erstatten, damit die Frage der Rechtmäßigkeit des Vorgehens jederzeit geprüft werden könne. (M. R. v. 30. Nov. 1859. B. M. Bl. S. 338.)

8. Vorläufige Festnahme, Beschlagnahme und Durchsuchung nach Maßgabe der Strafprozeßordnung sind criminalpolizeilicher, repressiver Natur. Auf dieselben kann hier, wo es sich um Verwaltungspolizei handelt, nicht näher eingegangen werden. Doch sei auf die oft nicht beachteten Vorschriften betr. die Beschlagnahme, insbesondere von Druckschriften (§ 43 Gew. O.) hingewiesen[1]) (präventive Beschlagnahme ist der Polizei sonst der Regel nach gestattet) und darauf, daß Durchsuchung nur bei Gefahr im Verzuge den Hülfsbeamten der Staatsanwaltschaft anzuordnen gestattet ist, sonst nur dem Richter d. h. dem Gerichte. Letzteres hat ein Recht der Nachprüfung, ob Gefahr obgewaltet habe, nicht. — Handelt es sich um sofortige Verfolgung eines Festgenommenen (Nacheile), so sind die Sicherheitsbeamten (§ 168 Ger. Verf. Ges.) befugt, den Flüchtigen selbst bis in einen anderen Bundesstaat zu verfolgen und daselbst zu ergreifen. Vf. d. Min. d. Inn. v. 28. Febr. 1880, Just. Min. Cirk. Verf. v. 25. März 1880 I 1091 (s. Müller, Justizverwaltung). An Kosten werden nur die baaren Auslagen erstattet. —

9. Entlassene Justizgefangene müssen von den Gerichten mit den allernothdürftigsten Kleidern ausgestattet werden (s. Vf. v. 21./4. 1885, B. M. Bl. 1885 S. 185).

---

[1]) §§ 5, 23 ff. Reichspreßgef. v. 7. Mai 1874, §§ 9, 10, 41 Ges. v. 12. Mai 51, Kamm. Ger. E. Bd. 13 S. 374, Just. Ges. § 116 B. M. Bl. 96 S. 68.

10. Ueber Paß- und Meldepflicht s. Ges. v. 1867 § 3 und Ges. v. 31./12. 42 § 8.

E. Schutz des Eigenthums.

Verfassungsurkunde vom 31. Januar 1850.

„Artikel 9. Das Eigenthum ist unverletzlich. Es kann nur aus „Gründen des öffentlichen Wohles gegen vorgängige, in dringenden Fällen „wenigstens vorläufig festzustellende Entschädigung nach Maßgabe des „Gesetzes entzogen oder beschränkt werden.

Allgemeines Landrecht.

Einleitung.

„§ 73. Ein jedes Mitglied des Staates ist, das Wohl und die „Sicherheit des gemeinen Wesens nach dem Verhältnisse seines Standes „und Vermögens zu unterstützen, verpflichtet.

„§ 74. Einzelne Rechte und Vortheile der Mitglieder des Staates „müssen den Rechten und Pflichten zur Beförderung des gemeinschaft„lichen Wohls, wenn zwischen beiden ein wirklicher Widerspruch (Collision) „eintritt, nachstehen.

„§ 75. Dagegen ist der Staat Denjenigen, welcher seine besonderen „Rechte und Vortheile dem Wohle des gemeinen Wesens aufzuopfern „genöthigt wird, zu entschädigen gehalten. —

cf. §§ 30, 31 I 8 A. L. R.

1. Zwischen „Rechten“ und „Vortheilen“ ist kein Unterschied zu machen. R. G. E. v. 2./7. 84, Gruch. Bd. 29 S. 680. „Vortheil“ ist auch nicht ein bloß thatsächlicher (Benutzung öfftl. Straßen). „Besondere Rechte“ sind keine Privilegien (§ 70 Einl. A. L. R.), sondern subjective Rechte, d. h. solche Befugnisse, welche nicht unmittelbar aus dem Fundamente des objectiven Rechts resultiren (s. Müller, S. 70 u. S. 152), § 84 l. cit. (Vergl. auch die Reichsgerichtsentscheidung vom 8. Mai 1890. J. M. Bl. S. 264.) Die subjectiven Rechte danken ihren Ursprung a) theils dem Privatrecht, — solche dienen den Interessen der Einzelnen um ihrer selbst willen, — b) theils dem öffentlichen Rechte; diese letzteren stehen ihnen aus Gründen des öffentlichen Interesses zu. Wenn nun zwischen ihnen und den Aufgaben des Staates „Gewährung von Rechtsschutz“ und „Förderung der Wohlfahrt“ Collisionen entstehen, d. h. wenn die Gerechtigkeit erfordert, daß das Interesse der Einzelnen sich demjenigen der Gesammtheit unterordne, so tritt

Verletzung der subjektiven Rechte ein. Die Rechte zu b) kann der Staat billigerweise ohne Entschädigung verletzen, weil deren Erhaltung eben vom öffentlichen Interesse nicht mehr erfordert wird, sofern sie nicht zugleich vermögensrechtlichen Werth haben (diese werden als Privatrechte behandelt), in die Rechte zu a) aber kann nach dem Gerechtigkeitsgefühle nicht ohne Gewährung von vollem Schadensersatze eingegriffen werden. Sie sind fast immer vermögensrechtliche. Natürlich handelt es sich dabei nicht um eine rechtliche Hoffnung (spes.)[1], sondern um ein schon (wohl-) erworbenes Recht, (jus) welches einem bestimmten Rechtssubjecte infolge eines Rechtsgrundes, sei dies unmittelbar das allgemeine Gesetz oder irgend ein besonderer Rechtstitel (ein privates Rechtsgeschäft oder eine rechtsbegründende Thatsache, ein staatlicher Rechts-Act) bereits zustehen oder mit einer Sache bereits verknüpft sind. Durch Eintritt sämmtlicher Thatsachen, welche die Rechtswirkung hervorzubringen nach objectivem Rechte geeignet sind, ist ein konkretes Recht erworben. Dem gegenüber zu stellen sind die für alle Personen zufolge allgemeiner Rechtsvorschrift bestehenden rechtlichen Zustände. Einen Anspruch auf Aufrechterhaltung der bestehenden Gesetze besitzt Niemand; der Staat ist hier souverain, aber die individuellen Rechte soll er nur gegen Entschädigungszahlung verletzen dürfen. cf. Georg Meyer „Der Staat und die erworbenen Rechte".[2]) Meyer will nun unterscheiden zwischen Entziehung des Eigenthums und Beschränkung desselben und nur im ersteren Falle Schadensersatz zubilligen. Dies trifft, wenn überhaupt, mindestens nach preußischem Rechte nicht zu, denn Art. 9 der Verfassung, § 75 Einl. Allg. Landr. wiederaufnehmend und deklarirend behandelt Entziehung und Beschränkung gleich, und mit Recht. Wird durch Polizeigewalt eine Baustelle so beschränkt, daß sie nicht mehr bebaut werden kann, so wird eine Baustelle entzogen, oder doch das Object in einer der Entziehung nahezu gleichkommenden Weise entwerthet. (Die polizeiliche Verfügungsgewalt ist nämlich durch die Enteignungsgesetzgebung nicht eingeschränkt worden.) Demgemäß muß nach den Grundsätzen der Gerechtigkeit Entziehung und Beschränkung gleich behandelt werden. Allerdings erleidet der Grundsatz der Entschädigungsverpflichtung des Staates bezw. desjenigen, den der Eingriff begünstigt, eine wesentliche Ausnahme, denn es sind durch das objective Recht dem Eigenthumsrechte Beschränkungen auferlegt, insofern dasselbe nach Außen hin höhere allgemeine Interessen nicht schädigen darf (s. No. 7). Nur ein so beschränktes Eigenthum wird von der Rechtsordnung anerkannt.

---

[1]) Hieraus wird geschlossen, daß entgehender Gewinn nicht zu entschädigen sei.
[2]) Neuestens: Otto Mayer, Deutsches Verwaltungsrecht Bd. II.

Deshalb fällt die Entschädigungspflicht fort, wenn Jemand durch nothwendigen polizeilichen Eingriff in diese Schranken seines Eigenthums zurückverwiesen wird, dieses jedoch nur dann, wenn solche Entziehung oder Beschränkung generell vom Gesetzgeber vorgesehen ist, wenn also Alle, die es angeht, sich dem gleichen Zwange zu unterwerfen haben. Wenn aber der Einzelne, ohne daß generelle Schranken gezogen sind, sich sein erworbenes Recht im Ausnahmefalle zu Gunsten des Wohles der Allgemeinheit verletzen lassen muß, wenn er gegenüber Anderen ein Opfer bringt, dann ist aus dem Grunde der Gerechtigkeit volle Entschädigung zu gewähren. Z. B.: Wird zu Gunsten einer Erwerbsgesellschaft der Bau eines Eisenbahndammes in der Straße genehmigt, so ist Eigenthümer wie Miether für Einschränkung ihres servitutähnlichen Rechtes an der Straße entschädigungsberechtigt. (Ueber dies ausnahmsweis nothwendige Einschreiten s. O. V. G. XII S. 400.)

Allerdings hat die Judikatur nach preußischem Rechte sich der Auffassung zugeneigt, daß die Entschädigung nur dann zu gewähren sei, wenn ein besonderes Gesetz diese Frage regele, und die Bestimmungen in Art. 9 bezw. § 75 Einl. Allg. Landrecht beide so aufgefaßt, als sollten dieselben nur eine Directive für die Gesetzgebung sein. (Daß der Art. 9 in der Verfassung mehr eine dekorative Rolle spielt, ergiebt sich allerdings daraus, daß schon § 75 l. c. bestand. Wenn dieser durch die Verfassung beseitigt werden sollte, so hätte das besonders im Hinblick auf die Kab. O. v. 1831 [s. No. 8] klar erkennbar gemacht werden müssen.) Diese Ansicht wird jedenfalls mindestens in Bezug auf § 75 a. a. O. von der Wissenschaft nicht mehr getheilt und neuerdings (cf. Entsch. v. 21. u. 28. Sept. 1895 Bd. 36 S. 272 u. 281) auch vom Reichsgerichte nicht mehr angenommen. cf. Rosin (Polizeiverordnungsrecht, II. Aufl. § 24), mit welchem man es für wünschenswerth erachten muß, daß der Gesetzgeber über die Entschädigungspflicht und deren Umfang ausführlichere Bestimmungen erlasse. Bis dahin muß angenommen werden, daß dem Geschädigten im Augenblick der Schädigung für allen gegenwärtigen und bestimmbaren zukünftigen (?) Schaden[1]) in vollem Umfange Ersatz und zwar im Zweifelsfalle in baarem Gelde geleistet werden müsse. cf. R. G. 28./10. 93 Bd. 32 S. 211. Die Bestimmungen des Enteignungsgesetzes (§§ 8, 12) finden bei polizeilichen Eingriffen nicht Anwendung. R. G. E. v. 18./4. 1894. Selbstv. S. 666 (Bürgersteig). cf. §§ 79—81 Allg. Landrecht I 6. Erk. des Komp. Ger. v. 7. Juni 1856. J. M. Bl. S. 243 (Wiederbeschaffung der Vorfluth). Nach Ansicht von Biermann und Anschütz soll lucrum cessans nicht entschädigt werden.

[1]) S. oben „spes."

2. Bis zum Erlasse der gemäß Art. 9 der Verf. Urk. vorausgesehenen besonderen gesetzlichen Bestimmungen muß an der Bestimmung des § 75 Einl. Allg. Landrecht festgehalten werden, welche principiell die Entschädigung für Aufopferungen, also in Ausnahmefällen vorsieht. Solche liegen aber (cf. No. 1) nicht vor insbesondere im Falle der §§ 25 ff. Tit. 8 I Th. Allg. L. R. Siehe §§ 36—38 Tit. 6.[1]) Nach § 73, 74. Einl. ist ein jedes Mitglied des Staates verpflichtet, das Wohl und die Sicherheit des gemeinen Wesens nach dem Verhältnisse seines Standes und Vermögens zu unterstützen. Einzelne Rechte und Vortheile der Mitglieder des Staates müssen den Rechten und Pflichten zur Beförderung des gemeinschaftlichen Wohles, wenn zwischen beiden ein wirklicher Widerspruch eintritt, nachstehen (Collision). Im Falle der Collision steht also das Privatrecht, das ja nur die Verhältnisse der Privaten unter einander regeln soll, dem öffentlichen Rechte nach, hat also hier nur relativen Werth. § 75 erscheint als verfassungsrechtlicher Natur auf die neuen Landestheile übertragen. Rosin „Begriff" S. 4. Wegen des Grundeigenthums s. auch § 1 Th. I Tit. 22 Allg. Landrecht.

3. Ein Fall ausnahmsweiser Aufopferung von Vortheilen liegt auch dann vor, wenn Jemand von den allgemeinen Beschränkungen des Eigenthums speciell wider die Rechtsregel, also ausnahmsweis und individuell entbunden ist. Solche Fälle sind: Bestehen eines Vertrages mit öffentlich-rechtlicher Wirksamkeit, d. h. dem die obere oder niedere Polizeibehörde beigetreten ist, und welcher auch, wo nöthig, von Communal-Aufsichtswegen genehmigt ist, öffentlich-rechtliche Receßbestimmung, Privileg d. h. individuelle Rechtsbegünstigung (z. B. Realschankrecht) und die privatrechtliche Verjährung, wenn sie seltenerweise der Polizei gegenüber Gültigkeit hat (befreiende Ersitzung.) S. No. 13/14 zu § 127 L. V. G.

4. Der polizeiliche Eingriff ist nur dann zulässig, wenn höhere Rücksichten des Gemeinwohles ihn erfordern. Es muß also demselben ein nicht unerheblicher Schade drohen und zwar so unmittelbar bevorstehen, daß der Gefahr nicht anders, also auch nicht durch den etwa sonstigen anderen Verpflichteten (z. B. die Gemeinde als Polizeikostentragungspflichtige oder Wegebaupflichtige) abgeholfen werden kann. In solchem Falle ist der Eingriff aber auch gegen Denjenigen gestattet, z. B. bei Feuers- oder Wassersgefahr (Hauseinreißung, Dammziehung durch den Acker), welcher an sich Unbetheiligter ist, d. h. nicht den Eingriff hervorgerufen hat oder, den drohenden Schaden zu verhüten, bestimmungsgemäß berufen ist. O. V. G. VII S. 354,

---

[1]) Wenn der Staat qua Privateigenthümer Rechte ausübt. § 94 Einl. A. L. R.

XII S. 399. War der Betroffene verpflichtet, den Eingriff gemäß allgemeiner gesetzlicher Vorschrift oder Verordnung zu dulden, von der ihn speciell nicht etwa ein Rechtsgrund befreite, liegt also kein Ausnahmeopfer vor, so hat er keinen Anspruch auf Entschädigung. (S. oben 1 und 3.) Anschütz fordert kein Ausnahmeopfer. S. aber R. G. E. v. 20./9. 90 J. M. Bl. S. 15.

Liegt ein Ausnahmerecht vor, greift § 2 Ges. v. 42 Platz, beim Ausnahmeeingriff § 4. Die Forderung, daß eine Ausnahme vorliegen soll, liegt nicht in dem Worte „besondere Rechte" sondern in dem Ausdrucke „Opfer", das jedenfalls nach allgemeinem Sprachgebrauche auf einen Ausnahmefall schließen läßt. cf. § 4 Ges. v. 11. Mai 1842. Opfer werden eben nicht alltäglich gebracht. „Besondere Rechte" kann also nichts anderes bedeuten als bereits erworbene „subjective" Rechte. (cf. J. M. Bl. 1890. S. 264 Erk. v. 8. Mai 1890.) Dies lehrt der Hinweis auf den so nahestehenden § 84 Einl. Auch das Rechtsgefühl weist darauf hin, daß nur dann, wenn Jemand nicht durch allgemeine Eigenthumsbeschränkung geschädigt wird, er schadlos gehalten werden müsse. Einen Unterschied zu machen zwischen Beschränkungen durch Gesetz und Verordnung einerseits und Verfügung andererseits, erscheint nicht juristisch; und es ist dem Gesetzgeber nicht anzumuthen, daß er solches gewollt habe. Dergleichen Prozesse sind selten, und daher erklärt sich auch die unbestimmte und schwankende Rechtsprechung. Sie werden sich auf Fälle exceptioneller Noth beschränken, wo der Eingriff nicht rechtswidrig ist, trotzdem allgemeine Rechtsbeschränkung nicht vorliegt. cf. Biermann S. 124 ff. 186. Ein Staatsnothrecht, jus eminens, möchte auf dem Gebiete der inneren Verwaltung nicht anzuerkennen sein. cf. Gruchot Bd. 37 S. 1014, Bd. 39. S. 881.

5. Die Regelung der Entschädigungsfrage in einer Beschränkungen auferlegenden Polizeiverordnung wird als finanzielle Maßnahme nicht für angängig gehalten. Siehe jedoch R. G. E. v. 9./1. 1882. Verw. Bl. 4 S. 79, Gruchot, Beiträge, Bd. 26. S. 935. (E. R. Ger. 14. Juni u. 20. Sept. 1890. Bd. 26 S. 339.) Unter Umständen kann die Entschädigung durch Statut geregelt werden.

6. Die Entschädigung wird im Rechtswege erstritten, wo nicht etwa speciell Anderes bestimmt ist. An eine Frist ist die Klage nicht gebunden. cf. §§ 2, 4, 6 Ges. v. 11. Mai 1842, § 56 Zust. Ges. Abs. 8, § 13 Gerichtsverfassungsgesetz.

Ein Rechtssatz des Inhalts, daß die Verfolgung privatrechtlicher Ansprüche, sei es überhaupt, sei es vor den ordentlichen Gerichten, blos deshalb ausgeschlossen sei, weil ein öffentliches Interesse entgegenstehe, existirt nicht; vielmehr hat das Privatrecht nur dann, und zwar in der Regel nur gegen Entschädigung (Allgemeines Landrecht, Einleitung § 75) dem öffentlichen Interesse zu weichen, wenn dies in den gesetzlich vorgesehenen Fällen durch die zuständigen Organe der Staatsverwaltung angeordnet ist. Solange es an einer solchen Anordnung fehlt, ist die Abwehr eines Eingriffes in das Privatrecht auf dem ordentlichen Rechtswege durch ein kollidirendes öffentliches Interesse nicht behindert. (R. Ger. E. v. 19./10. 95. J. M. Bl. 96 S. 350.) Die Verfügung ist für den Richter insofern unantastbar, als er sie nicht aufheben kann; aber ihre Gesetzmäßigkeit muß er incidenter prüfen.

7. **Die Pflichten und Rechte des Eigenthümers insbesondere. Der Entschädigungsverpflichtete.** Der Ansicht des Oberverwaltungsgerichts, daß jeder Eigenthümer verpflichtet sei, sein Eigenthum in einem solchen Znstande zu erhalten (auch umzugestalten??), wie es der polizeilich zu schützenden öffentlichen Interessen halber nothwendig sei, möge nun die unzulässige Beschaffenheit z. B. eines Grundstückes durch den Eigenthümer selbst, durch Dritte oder durch Zufall entstanden sein, ist das Reichsgericht in der Entscheidung vom 10. Juni 1896 Bd. 37, S. 333 beigetreten. Es führt aus: das Eigenthum kann nicht als für sich allein bestehend und losgelöst von den Beziehungen betrachtet werden, die sich mit Nothwendigkeit aus einem geordneten bürgerlichen Zusammenleben ergeben. Aus diesem entspringen Interessen, die auch der Eigenthümer gegen sich gelten lassen, und denen er sich wenigstens soweit unterordnen muß, als es sich um Erhaltung seines Eigenthumes in einem Zustande handelt, der für das Gemeinwohl unbedingt erforderlich ist. Diese Verpflichtung besteht nicht nur der Polizeibehörde gegenüber, sondern sie ist eine ihm nach Principien des **öffentlichen** Rechtes überhaupt obliegende, so daß sich auch Dritte auf sie berufen können, insbesondere bei Streitigkeiten gemäß § 5, Ges. v. 11. Mai 1842; denn, daß Ansprüche aus öffentlich-rechtlichen Verhältnissen von der Verfolgung im Rechtswege ausgeschlossen seien, ist nicht Rechtens, vielmehr sind nur einzelne Fälle vor die Verwaltung gewiesen. (§ 56, 66 Zust. Ges.) § 31 I 8 A. L. R. Nur unbeschränktes Eigenthum wird ersetzt.

Eigenthum ist nämlich nur das, was die **Gesetze** als Eigenthum anerkennen. Ein naturrechtliches Eigenthum giebt es nicht. Wie weit die Rechte und Pflichten des Eigenthümers gehen, ist nach dem positiven Rechte bezw. den aus den Gesetzen zu entnehmenden Rechtsgrundsätzen zu beurtheilen. Während im Gebiete des gemeinen Rechts kein Rechtssatz existirt, der Eigenthumsbeschränkungen verböte, ist im Rheinischen Rechte die Beschränkbarkeit schon in der Definition gegeben, nämlich rücksichtlich des durch Gesetz oder Verordnung verbotenen Gebrauches. Nach Landrecht § 25 I 8 müssen die Einschränkungen des Eigenthumes durch Natur, Gesetze oder Willenserklärungen bestimmt sein. In der „Natur des Eigenthums" liegt aber die Beziehung zur nicht nur physischen Umwelt und die Rücksichtnahme auf diese (§ 26).[1]) Diese[2]) „eingeborenen" Einschränkungen des Eigenthumes sind also keine polizeilich hervorgerufenen, wenn auch von der Polizei geltend zu machende. Eine Entschädigungspflicht kann hier nicht bestehen. Bei der Polizeiverordnung ist in § 15 des Ges. v. 11 März 1850 vorgeschrieben, daß sie sich nicht mit höheren Bestimmungen in Widerspruch setzen darf. Der § 10 II 17 A. L. R. berechtigt dagegen die Polizei, im Wege der Verfügungsgewalt auch bis zum Eingriffe in Privatrechte vorzugehen, welche das Gesetz nicht im Einzelnen vorgesehen hat. Ist dies ein Ausnahmefall, so muß Entschädigung geleistet werden. cf. Biermann, „Privatrecht und Polizei", welcher der Ansicht ist, daß bezüglich des Entschädigungsverpflichteten im Falle des § 6 Ges. v. 11. Mai 1842 dieselbe Person passiv legitimirt sei wie im Falle des § 4 daselbst. (Siehe dort S. 189 ff.) Er hält § 75 Einl. A. L. R. auf Beide für anwendbar. (S. 197.)

Der Staat wird zwar nach § 75 Einl. A. L. R. als der Ersatzpflichtige hingestellt, aber nur deswegen, weil bei einem Eingriffe zu Gunsten des Gemeinwohles durch das Organ des Staates dieser als der Begünstigte erscheint. Er ist es auch im Zweifelsfalle, wenn ein anderer Begünstigter nicht zu ermitteln ist. cf. Kab. O. v. 1831. G. S. S. 255. Sonst ist er nur verpflichtet, für Entschädigung zu sorgen. Wenn die Begünstigung nicht zu Unrecht erfolgt ist, haftet der — möglicherweise ganz zufällig — Bevortheilte nicht für die nicht nachgesuchte Bereicherung. Statt des Staates kann der Begünstigte eine Gemeinde, ja ein Einzelner sein. § 31 I 8. Meines Dafürhaltens kann der Begünstigte aber immer nur soweit für ersatzpflichtig angesehen werden, als er hat begünstigt werden wollen und berechtigterweise hat begünstigt werden können. Wenn nicht mit Absicht begünstigt, haftet die Gemeinde nicht, denn die Polizei wird im Namen des Königs, also für den Staat, nicht für die Commune geführt. Ueber die Haftung des Staates durch unberechtigte Eingriffe seiner Beamten sind die Meinungen getheilt. (Siehe Erk. des Reichsger. Rassow-Küntzel Bd. 26. S. 930 v. 9./5. 1882 und vom 24. Januar 1895. Entsch. Bd. 24 S. 294 und 9./1. 1882 Rassow-

[1]) Gemeines Recht. O. V. G. Bd. 30 S. 216.
[2]) cf. Ob. Verw. Ger. Bd. 8 S. 329 v. 5./12. 81.

Küntzel Bd. 26. S. 935 (und Löning, Haftpflicht.) Siehe unter No. 13. Im Falle der Polizeiverordnung über den ästhetischen Schutz des Kreuzbergdenkmals ist Fiskus als Vertreter des Begünstigten, des Staates, der Allgemeinheit, verurtheilt worden, ohne daß des Beamten Erwähnung gethan wäre, der den unberechtigten Eingriff verübt hatte.

8. Beschränkung des Anspruchs. Der Einzelne, welcher die Vortheile der Staatseinrichtung ziehen will, muß sich auch die Nachtheile gefallen lassen, welche für ihn aus der Erfüllung der Staatszwecke erwachsen. (§ 2, 3 II 13 A. L. R.) Danach hat er im Principe sich auch ohne Entschädigungsanspruch Einschränkungen aller seiner Rechtsgüter[1]) und Rechte gefallen zu lassen. Aus Billigkeitsrücksichten ist zwar für das landrechtliche Gebiet durch positive Gesetzesnorm diese Praxis durchbrochen, aber durch die Kab. O. v. 4. Dec. 1831 G. S. S. 255 ist diese Ausnahme beschränkt worden auf „Einrichtungen der inneren Verwaltung." Man ging eben davon aus, daß zumal vor dem Privatvermögen der Staatswille nicht Halt zu machen habe, daß vielmehr — wie schon in der Vorbemerkung zu A hervorgehoben — durch das objective Recht die Rechte der Privaten in zweite Linie und hinter die Rechte der Gemeinheit gestellt worden sind, weil der Staat zunächst im Interesse der Gesammtheit gegründet ist. Trotz ihres tendenziösen Charakters und theilweis geradezu falscher Begründung wird man die Bestimmung von 1831 mit Rosin und Anschütz, „Ersatzanspruch" pp. (Berlin, Karl Heymann 1897), da sie ordnungsmäßig publicirt und „zur Befolgung" erlassen ist, für rechtsgültig ansehen müssen.[2]) Zuzugeben ist, daß sie sich auf das Gebiet der reinen Verwaltung beschränkt und nur für Eingriffe dieser Entschädigung zulassen will, ob indeß unter „Einrichtungen" der Verwaltung nicht auch Polizeiverordnungen zu verstehen seien, ist zweifelhaft. Den „Einrichtungen der Verwaltung" wird allerdings die „Gesetzgebung" in der K. O. entgegengesetzt, aber ob diese Fassung nicht nur die Gesetzgebung im engsten Sinne begreifen soll, ist eine erörterungsfähige Frage. Ihre Beantwortung kann aber hier dahingestellt bleiben, da wir an anderer Stelle hervorgehoben haben, daß Polizeiverordnungen regelmäßig keine Entschädigung bringenden Verletzungen der Privatrechte erzeugen. (S. jedoch Biermann, S. 199.) Im Resultate kommen wir dahin, daß sich § 75 A. L. R. in Verbindung mit der

---

[1]) Die Hafenordnung von Pillau läßt bei Quarantänebruch polizeiliche Tödtung von Menschen zu. G. S. S. 89 de 1822. (§ 8. Pol. O. v. 14./3. 22.)

[2]) Vgl. § 15. Einl. A. L. R.

Kab. O. v. 1831 nur auf schädigende innerverwaltungspolizeiliche Verfügungen, welche auf Grund generellen Gesetzes „latente" Verpflichtungen zur Geltung bringen, beziehen können und sich auf Hoheits-, Justiz-, Finanz-, reine Militärgewalt- und auswärtige Angelegenheiten nicht anwenden lassen. Für das Gebiet der polizeilichen Verfügung ist durch die Kab. O. jeder Zweifel behoben, daß § 75 nicht nur Directive für die Gesetzgebung, sondern selbst Norm ist. Art. 9 der Verf. Urk. ist dagegen nicht Norm, sondern nur feierliche Bestätigung der Richtschnur für die Gesetzgebung. Wo es also ein specielles Entschädigungs**gesetz** nicht giebt, da fehlt der Entschädigungs**anspruch**. Im Gebiete des gemeinen Rechts fehlt es demgemäß auch, wie Anschütz hervorhebt, trotz theilweis gegentheiliger Judikatur an einer Begründung des Anspruchs aus allgemeinsten Rechtsgrundsätzen oder Sätzen des gemeinen Rechtes. Darüber, daß die Kab. O. in den französisch-rechtlichen Landestheilen, aber nicht in den 1866 erworbenen neuen Provinzen gilt, s. Anschütz.

9. Deswegen, weil Art. 9 nur Richtschnur, nicht Norm ist, bedarf es auch nicht der „**vorläufigen**" **Festsetzung** der Entschädigung. cf. Biermann S. 184; siehe aber auch S. 189 ebenda. cf. Ob. Verw. Ger. 5./12. 81 Bd. 8, S. 329.

10. Ueber Abwägung öff. u. priv. Interessen s. § 15. G. v. 25./8. 76 u. § 57 Zust. Ges.

11. **Ueber Ansprüche Dritter an die Entschädigung** s. Einf. z. B. G. B. Art. 109², 52, 53.

12. **Vom Staatseigenthum.** Das Eigenthum des Staates wird unterschieden als **besonderes** (A. L. R. §§ 1, 11 II 14) z. B. Domäne, und als **gemeines** z. B. die Land- und Heerstraßen und die von Natur schiffbaren Ströme (ebd. § 21). Dies **gemeine** Staatseigenthum ist den Domainen (bis auf die Last, zum gemeinen Gebrauche zu dienen) völlig gleich zu achten (ebd. § 25). Nach § 7 A. L. R. II 15 ist der freie Gebrauch der Landstraßen pp. (Begriff: S. § 1 a. a. O.)[1]) einem **Jeden** zum Reisen und Fortbringen seiner Sachen **gestattet** (ohne besonderes **Recht** darauf)[2]), der Staat hingegen ist nach § 4 berechtigt, die Straßen, sowie er es zum gemeinen Besten dienlich findet, zu verändern und zu verlegen. Wird durch Verlegung einer Straße, die nicht aus unvermeidlicher Nothwendigkeit (§ 4!) vorgenommen worden, einem Privatbesitzer ein nutzbares Recht, welches ihm **ausdrück-**

---

[1]) cf. Vering, Recht der öff. Wege S. 8 ff.
[2]) facultas.

lich in Beziehung auf *diese* Straße vom Staate verliehen war, ganz entzogen oder beträchtlich geschmälert, so findet (gemäß § 6) wegen seiner Entschädigung das statt, was wegen Aufhebung der Privilegien verordnet ist. (Einl. A. L. R. § 70, 71.) Von einem Rechte der Anlieger steht also nichts im Gesetze. „Straßen", innerhalb der Orte, sind aber auch zum Anbau bestimmt. (S. darüber beim Wegerecht.) Oeffentliche Flüsse und Wege sind res extra commercium, an denen durch Verjährung während ihres Bestandes als solche Rechte nicht oder doch nur mit erkennbarem Einverständnisse der Wegepolizei über ihr Bestehen für die Dauer erworben werden können. (Gruchot Bd. 33 S. 1150.) Im Allgemeinen wird das besondere und gemeine Staatseigenthum gleichgestellt, nur daß am ersteren kein gemeiner Gebrauch durch Jedermann zugelassen ist. Das Schalten mit diesem Eigenthume ist im Zweifel immer *privatwirthschaftlicher* Natur, nur, wenn *zum gemeinen Besten im Interesse des Straßen-Verkehrsdienstes* (nicht aber einer Erwerbsgesellschaft, z. B. einer Privat- oder Staatseisenbahn, denn auch letztere wird im *fiskalischen* Interesse betrieben, eher einer Kanalanlage, welche Zuschuß erfordert) eine bauliche Aenderung *nothwendig* ist, so liegt ein *obrigkeitlicher* Act vor. Dann treten die *öffentlich*-rechtlichen Entschädigungsgrundsätze ein. Der Staat ist nicht nur privater Verwalter des Staatseigenthums, sondern auch öffentlicher Verwalter des Verkehrswesens. Fallen beide Functionen zusammen, so prävalirt doch die öffentlich-rechtliche.[1]) Ohne die Obrigkeit kann im Bestande der öffentlichen Verkehrswege mit Recht keine willkürliche Veränderung eintreten, welche deren Bestimmung als solche berührt; sei es nun, daß die Genehmigung generell oder speciell, direct oder indirect, ausdrücklich oder stillschweigend, vorgängig oder nachträglich ertheilt werde. Jede zu dem Zwecke berechtigterweise vorgenommene Aenderung, mag sie auch in Privatrechte eingreifen, wird durch die obrigkeitliche Gewalt sanctionirt. S. R. G. E. $\frac{10./10.\ 93}{28./11.\ 94}$ J. M. Bl. $\frac{94\ \text{S.}\ 77}{95\ \text{S.}\ 227}$ (Verfügung!) Der verletzte Private hat in beiden Fällen den Rechtsweg, im letzteren Falle gemäß § 4 Ges. v. 11. Mai 1842, sonst auf Grund des Nachbarrechtes, z. B. bei Erhöhung oder Erniedrigung der Straße (I 8, § 185 ff.; R. G. Bd. 37 S. 254 v. 25./3. 96), vorausgesetzt natürlich, daß er einen Anspruch hat. *Privilegien* können durch den souverainen Gesetzgeber ohne Entschädigung aufgehoben werden. Gegenüber Verwaltungseingriffen stellen sie besondere Befreiungsgründe dar. (S. ob. Nr. 3.) Betr. der Strombauverwaltung s. Ges. v.

[1]) Chausseebaupolizeibehörde ist der Regierungspräsident.

20./8. 1883. / 31./5. 1884. Ein Anliegerrecht bei Strömen wird nicht anerkannt.[1])

Litteratur zu 12 außer bei No. 1 zu § 56 Zust. Ges.: Rehbein, Entsch. des Ob. Trib. I S. 104. Nassow-Küntzel Bd. 18 S. 759, Bd. 32 S. 699. Bering, Rechte an öffentlichen Wegen, S. 59 ff. Anschütz S. 87 ff., 108 ff. Löbell neuestens construirt folgende Lehre (Rassow-Küntzel 41 S. 15): Die durch ihren Zweck für den Gemeingebrauch bestimmten Sachen sind durch Landrecht nicht völlig außer Verkehr gesetzt, sondern dem gemeinen Eigenthume des Staates unterworfen. Letzteres, dessen materielle Bedeutung sich in den Nutzungen der ihm unterworfenen Sachen erschöpft, hat den Schutz und die Regelung des Gemeingebrauchs zu seinem wesentlichen Inhalte und wird durch die dem Staate als Hoheitsrecht zu diesem Zwecke zustehende Verfügungsgewalt ausgeübt; der Gemeingebrauch wird für die daran Betheiligten durch die Polizeibehörde geregelt und geschützt. Privatrechte können an den öffentlichen Sachen entstehen, soweit sie dadurch nicht dem Gemeingebrauche entzogen werden.[2]) Dem Staate stehen die engeren Verbände gleich, welche staatliche Aufgaben zu erfülleu haben. Daß die städtischen Straßen Eigenthum der Städte sind, ist die Regel. Die Stadtgemeinden stehen zu den städtischen Straßen in demselben Rechtsverhältniß wie der Staat zu den Landstraßen.

13. Haftpflicht für rechtswidrige Eingriffe. Sehr bestritten ist die Frage über die Haftung des Staates und anderer Korporationen für rechtswidrige Handlungen und pflichtwidrige Unterlassungen ihrer Beamten auf öffentlich-rechtlichem Gebiete. Hier interessirt nur die etwaige Haftung neben den Beamten für den Schadenseintritt bei Handhabung der Polizeigewalt. Daß zunächst der Begünstigte haftet, soweit er hat begünstigt sein wollen, und soweit er mit Fug hat begünstigt werden können, ist schon oben ausgeführt; daneben haftet aber auch der Staat, soweit er bereichert worden ist. Der Beamte ist lediglich Staats-Organ; für ihn, im Interesse des Gemeinwohles handelt er. Thut er dies, so ist es recht und billig, daß der Staat, sofern der Beamte nicht selbst, oder der begünstigte Einzelne oder die begünstigte Gemeinde eintritt oder nicht voll fähig ist, den Schaden trägt. Zwar trifft den Staat keine Schuld, aber er ist es doch, der dem Beamten die Möglichkeit zu Mißbrauch seiner Autorität und Machtmittel gegeben hat. Vorausgesetzt ist natürlich immer, daß der Beamte nicht für sich hat handeln wollen; sonst liegt kein Staatswille vor, z. B.

[1]) R. G. E. v. 9./5. 81 und v. 2./7. 84. Gruchot Bd. 26 S. 713, Bd. 29 S. 680.

[2]) Nassow-Küntzel Bd. 37 S. 1014.

wenn ein Aufseher eine Gefangene festhält, damit sie ihm zu Willen sei. Weitere Voraussetzung ist ferner, daß es ausnahmslos kein Mittel der Selbsthülfe (passiver Widerstand gegen ungerechte Anordnungen, activer Widerstand gegen unrechtmäßige Zwangshandlungen) und keine Möglichkeit des Anrufens von Behörden und Gerichten giebt. Hierbei ist zu bemerken, daß nicht nur der unberechtigte positive Eingriff, sondern auch das Nichterfüllen einer gebotenen Polizei-Amtspflicht als polizeiliche Verfügung anzusehen und mit den gewiesenen Rechtsmitteln angreifbar ist. (S. auch § 9 I 6.)

Wenn sonst der Staat direkt durch den Beamten verpflichtet wird, weil der Amtsact kein Recht des Organs sondern Ausfluß seiner Pflicht ist, so fällt allerdings die Verpflichtung des Staates fort, wenn der Beamte wider seine Vollmacht, pflichtwidrig handelt. Die erwähnte Pflicht des Staates ist daher nur eine mehr moralische, aus allgemeinen Grundsätzen zu folgernde; ein positiver Rechtssatz existirt darüber nicht. Die Praxis der Gerichte ist eine schwankende, meist negativer Natur. Daß der Staat in einzelnen Fällen eine Haftpflicht sich durch positive Satzung auferlegt hat, beweist weder, daß er immer und in demselben Umfange, noch daß er sonst garnicht haften wolle; allenfalls kann man bei vollkommener Gleichartigkeit des Grundes eine positive Norm analog ausdehnen. Jedenfalls ist die Haftung des Staates immer nur eine subsidiäre. Daß andererseits grundsätzlich derjenige Verband, dessen Organ die Staatsthätigkeit ausübt, statt des Staates hafte, trifft mindestens für das Gebiet der Polizei nicht zu, denn diese wird ausdrücklich im Namen des Königs geführt. Die Gemeinde haftet also abgesehen von dem Falle, daß sie Vortheile habe, nicht. Es ist auch nicht abzusehen, daß wenn ein königlicher und ein communaler Polizeibeamter dieselbe Rechtswidrigkeit begehen, in dem einen Falle der Staat, im anderen Falle die Commune haftbar sei. cf. Löning, Haftung des Staates S. 93 ff. Daß der Regreß gegen den Beamten fortfalle, wenn die Verfügung von Amtswegen gemißbilligt worden, nicht auf Anrufen, ist der Fall nicht. A. M. Biermann S. 196. Siehe Erk. R. Ger. Civilentscheidungen v. 8. Mai 1890 Bd. 26 S. 265 und v. 24. Jan. 1895 Bd. 34 S. 294. Pr. Verw. Bl. IV S. 156, VI S. 157, 176, 396. Gruchot (Rassow-Küntzel) Bd. 26 S. 930, Bd. 34 S. 880. (Nichthaftung des Staates und der Commune, weil ihre Organe die Polizeigewalt ausüben, Haftung des Begünstigten?) Hat der Beamte nicht eine vertretbare Schuld, so haftet er nicht. Die Klage ist dann aus § 4, nicht § 6 des Ges. v. 11. Mai 1842 anzustellen. Ist in dem Beamten durch falsches Gutachten von Sachverständigen ein Irrthum erregt worden, wodurch die Unrechtmäßigkeit der Verfügung herbeigeführt worden ist, so haften die Sachverständigen für vertretbare Verschuldung, aber nicht der Beamte oder der Staat bezw. die Gemeinde.

Es kann nach Mißbilligung einer Verfügung Seitens der oberen Instanz, weil die objectiven Grundlagen, welche die Verfügung gerechtfertigt haben würden, nicht vorliegen, noch immer mit Erfolg der Conflict erhoben werden, weil subjectiv eine Amtsüberschreitung nicht geschehen sei, indem der Beamte bei Zulässigkeit freien Ermessens in Beurtheilung der Verhältnisse sich geirrt habe. cf. Ob. Verw. Ger. v. 4./2. 1882 Bd. VIII S. 408 ff. und vom 17. Decemb. 1884. Pr. Verw. Bl. Bd. VI S. 172.

F. Anfechtung der Verfügung und der Zwangsmaßnahmen.

Landes-Verwaltungsgesetz vom 30. Juli 1883.

I. Aufsichtsbeschwerde.

„§ 50. Das Gesetz bestimmt, in welcher Weise Verfügungen (Bescheide, Beschlüsse) in Verwaltungssachen angefochten werden können. „Zur ersten Anfechtung dienen in der Regel die Beschwerde oder die „Klage im Verwaltungsstreitverfahren. Die Beschwerde ist ausgeschlossen, „soweit das Verwaltungsstreitverfahren zugelassen ist, vorbehaltlich abweichender besonderer Bestimmungen des Gesetzes. Unberührt bleibt „in allen Fällen die Befugniß der staatlichen Aufsichtsbehörden, inner„halb ihrer gesetzlichen Zuständigkeit Verfügungen und Anordnungen der „nachgeordneten Behörden außer Kraft zu setzen, oder diese Behörden mit „Anweisungen zu versehen.

1. Der Grund der Entstehung des Staates als der rechtlich organisirten Gesellschaft ist der, daß der Einzelne gehindert werden muß, von seiner natürlichen Freiheit einen uneingeschränkten Gebrauch zu machen, weil er durch Verwirklichung von ihm innewohnenden Trieben die Freiheit seiner Mitmenschen beschränken könnte und würde. Für den Einzelwillen wird daher durch die Gesammtheit eine Alle, auch die staatlichen Organe bindende Schranke aufgestellt. Diese wird vom Volke unter staatlicher Anerkennung unmittelbar aufgerichtet im Gewohnheitsrechte (örtlich Observanz genannt) oder mittelbar durch den Staat und seine Organe (Gesetz in diesem Sinne, Rechtsverordnung). Zu den Rechtsverordnungen gehören insbesondere die Polizeiverordnungen. Aus der Summe dieser Rechtsvorschriften setzt sich das Gesetz im weitesten Sinne, die Rechtsordnung, das objective Recht,

zusammen, dessen Ausflüsse die Befugnisse der Einzelnen, deren subjective Rechte sind. Wo das Gesetz eine allgemeine Beschränkung der natürlichen Handlungsfreiheit z. B. im Gebrauche des Eigenthums zieht, da muß sich der Einzelne beugen, darüber hinaus tritt aber wieder die natürliche Freiheit ein. Glaubt sich daher Jemand in seiner Rechtssphäre unberechtigter Weise und wider seinen Willen durch Willensacte staatlicher Organe verletzt, so muß er im Rechtsstaate[1]), der sich durch die vom Gesammtwillen gezogenen Schranken selbst für gebunden erklärt, ein Recht auf Gehör über die Befugniß des Staatsorganes zu dem verletzenden Eingriffe haben, wenn dies nicht, ehe ein Schaden eingetreten ist, von der Verfolgung seines Willens absteht. Das Gesetz giebt daher dem sich für verletzt Haltenden das „Rechtsmittel", ein Beschwerderecht bestehend in der Regel in dem Anrufen einer höheren, besser unterrichteten Instanz. Wo nicht für jeden Anspruch eine Richterinstanz geordnet ist, da liegt kein Rechtsstaat mehr vor. Darum bestimmt § 50 des Ges. v. 30./7. 83, daß Verfügungen in Verwaltungssachen nach Maßgabe der einzelnen Gesetze in der Regel durch die „formelle Beschwerde" oder, wo diese besonders zugelassen, durch „Klage im Verwaltungsstreitverfahren" angefochten werden können, und daß in allen Fällen die staatlichen Aufsichtsbehörden die Befugniß haben, Verfügungen der nachgeordneten Behörden von Amtswegen außer Kraft zu setzen. Es giebt also, wo nicht ein anderes Rechtsmittel geordnet ist, eine form- und fristlose Beschwerde, die sog. Aufsichtsbeschwerde[2]). Ein Recht auf Entscheidung in der Sache hat der Beschwerdeführer hier aber nicht; vielmehr ist die Aufsichtsbehörde nur gehalten, im öffentlichen Interesse einzugreifen. Ein solches liegt aber immer vor, wenn der Petent durch einen Eingriff offenbar unberechtigter Weise verletzt worden ist, und kann vorliegen, wenn die Polizei ein (nicht besonders gebotenes) Einschreiten ablehnt. Ueber den Rechtsweg s. Ges. vom 11. Mai 1842 und 24. Mai 1861 in Verbindung mit § 160 Zust.Ges. v. 1. Aug. 1883. Liegen vermögensrechtliche Ansprüche vor, so ist es gleichgültig, ob der Titel, aus dem sie hergeleitet werden, in Normen des bürgerlichen oder des öffentlichen Rechtes beruht, denn der Kreis der Privatrechte deckt sich mit dem Kreise der auf privatrechtlichem Titel beruhenden Ansprüche nicht. Daß die aus öffentlich-rechtlichen Verhältnissen hervorgehenden privatrechtlichen, insbesondere vermögensrechtlichen Ansprüche allgemein von der Verfolgung im ordentlichen Rechtswege ausgeschlossen

[1]) §§ 76, 89 Einl. A. L. R.

[2]) Betr. eine an Frist gebundene Beschwerde an die Aufsichts-Instanz s. § 133 L. V. G. Abs. 2.

seien, ist nicht der Fall, vielmehr sind nur gewisse einzelne an sich privatrechtliche Ansprüche aus Zweckmäßigkeitsgründen dem Verwaltungsrichter überwiesen. S. § 127 L. V. G. §§ 56, 66 Zust. Ges. (R. G. E. v. 8./2. 1890 V. M. Bl. S. 83.) (Dieser Grundsatz ist auch in der österreichischen Rechtsprechung anerkannt. J. M. Bl. 95, Schluß.) Im Allgemeinen gilt nämlich der Satz des Gerichsverfassungsgesetzes: Vor die ordentlichen Gerichte gehören alle bürgerlichen Rechtsstreitigkeiten, für welche nicht entweder die Zuständigkeit von Verwaltungsbehörden oder Verwaltungsgerichten begründet ist, oder reichsgesetzlich besondere Gerichte bestellt oder zugelassen sind. (§ 13 daselbst.) cf. Rassow-Küntzel Bd. 41 S. 692 R. G. 5./11. 95.

2. Die Anweisungen der oberen an die untere Instanz sind keine Rechts- sondern Verwaltungs-Verordnungen, s. Rosin (P. V. R. S. 218). Ihre Uebertretung ist nur disciplinarisch strafbar. Die aufsichtführenden Organe dürfen sich nicht willkürlich an die Stelle der untergebenen setzen V. M. Bl. 75 S. 267, wenn auch die polizeiliche Thätigkeit des Staates eine einheitliche ist (§§ 1, 3 II 17 A. L. R.); ebenso unzulässig ist es aber, wenn sie im Einzelfalle den unteren Organen vorschreiben wollten, wie sie Streitentscheidungen zu fällen, oder gar, daß sie eine bestimmte Partei in die Rolle des Klägers oder des Beklagten zu drängen hätten. Es liegt ihnen vielmehr ob, für die pflichtgemäße, regelmäßige, laufende Amtsführung zu sorgen. (O. V. G. Bd. V S. 75, Bd. XI S. 224). Hierzu dienen allgemeine Dienstanweisungen. Abgesehen daher von den Fällen, in welchen das Einschreiten der Aufsichtsbehörde geboten erscheint, um ungesetzliche und rechtswidrige Anordnungen zu beseitigen, wo die Erledigung im Instanzenzuge im Interesse der öffentlichen Ordnung nicht abgewartet werden kann, ist die Aufsichtsbehörde nur befugt, einzugreifen, wenn die Polizei zu Unrecht den Erlaß einer Anordnung abgelehnt hat. Regel ist, daß, wo Rechtsmittel zulässig sind, die Oberbehörde sich eines Eingriffs vom Aufsichtsstandpunkte zu enthalten hat, schon um divergirende Entscheidungen zu vermeiden. M. R. v. 23./5. 79, V. M. Bl. S. 259.

3. Die formelle weitere Beschwerde findet gemäß § 121, 122 L. V. G. binnen 2 Wochen statt, wenn nicht der Beschluß endgültig oder ein anderes Verfahren angeordnet ist. Letzteres ist bezüglich polizeilicher Verfügungen der Fall.

4. Unter Umständen kann es um deswillen zweifelhaft sein, ob die Anrufung der Verwaltungsbehörden bezw. Verwaltungsgerichte stattzufinden habe, weil es zweifelhaft ist, ob überhaupt eine polizeiliche Verfügung, gegen welche auch bei Verletzungen der Privatrechte im Allgemeinen die Betretung des Rechtsweges versagt ist, vorliege. Ueber

einen solchen Fall äußert sich das Reichsgericht wie folgt: Eine polizeiliche Verfügung ist schon dann als vorhanden anzunehmen, wenn die Polizeibehörde, sei es auf Antrag einer Behörde oder eines Privaten, eine Anlage genehmigt, die sie im öffentlichen Interesse zur Förderung des gemeinen Wohles für nothwendig oder wenigstens für zweckmäßig erachtet, und der sie deshalb ihren polizeilichen Schutz angedeihen lassen will. Da, wo die Anlage nicht allgemein-öffentliche Interessen berührt, wie bei Ertheilung einer Bauerlaubniß, kann [dagegen in der Genehmigung eine polizeiliche Verfügung nicht gefunden werden und] dem Dritten, dessen Rechte durch die Anlage verletzt sein sollen, nicht die Klage im Rechtswege auf Beseitigung versagt werden, denn in solchen Fällen hat die Genehmigung nur den Zweck, Nachtheile, die der Gesammtheit durch die Anlage entstehen könnten, abzuwenden, während die Anlage selbst nur privaten Interessen dient. (R. G. E. v. 28./11. 1894. J. M. Bl. 95 S. 228. Ob. Verw. Ger. E. v. 30./4. 77. Bd. II S. 351.) Wo ein Consens ertheilt werden muß, liegt keine Verfügungsgewalt mehr vor. Der Consens ist nur eine Bescheinigung, daß eine Revision stattgefunden hat, wonach öffentliche Interessen durch den Bau als nicht berührt angesehen werden. Wird aber durch eine an den Consens geknüpfte Bedingung das Recht des Privaten gekränkt, so liegt in der Bedingung die polizeiliche Verfügung. Wird ein zu ertheilender Consens zu Unrecht verweigert, so darf ebenfalls Verfügung angenommen werden. Wird mittels des Consenses durch Nichtberücksichtigung des öffentlichen polizeilichen Interesses ein Privater in seinem Rechte gekränkt, so liegt auch Verfügung vor.

5. Tendenziöse Interpretation der Gesetze, wie sie anerkanntermaßen geübt worden ist, wird mit der weiteren Entwickelung der Verwaltungsrechtspflege auch im Gebiete des formlosen Verwaltungsverfahrens verschwinden. Namentlich wird das zopfige „Halten" eines Beamten gegenüber dem Publikum oder diesem Beamten untergeordneten Behörden und Beamten recht bald aufhören müssen. Es erweckt Trauer und Entrüstung und schädigt in viel höherem Grade das Ansehen der Staatsverwaltung, als das offene Bekenntniß, daß ein Beamter seine Befugnisse nicht in vollem Maaße innegehalten habe. cf. Müller, Verwaltungsrechtspflege, S. 38. Zwei Grundsätze sind stets zu beachten: Audiatur et altera pars (Eines Mannes Rede ist keine Rede) und: justitia est fundamentum regnorum (Ueber Alles die Gerechtigkeit).

6. Wenn ein Gericht eine gesetzlich endgültige Entscheidung unzuständigerweise gefällt hat, so werden ausnahmsweis Rechtsmittel gewährt, z. B. Revision gegen Urtheile des Bezirksausschusses. O. V. G. E. 18./5. 1896. Bd. 30, S. 334.

II. Rechtsmittel gegen polizeiliche Verfügungen.

„§ 127. Gegen polizeiliche Verfügungen der Orts- und Kreis-„polizeibehörden findet, soweit das Gesetz nicht ausdrücklich Anderes „bestimmt, die Beschwerde statt, und zwar: a) gegen die Verfügungen „der Ortspolizeibehörden auf dem Lande oder einer zu einem Landkreise „gehörigen Stadt, deren Einwohnerzahl bis zu 10 000 Einwohnern be-„trägt, an den Landrath und gegen dessen Bescheid an den Regierungs-„präsidenten; b) gegen die Verfügungen der Ortspolizeibehörden eines „Stadtkreises, mit Ausnahme von Berlin, einer zu einem Landkreise „gehörigen Stadt mit mehr als 10000 Einwohnern, oder des Landraths „an den Regierungspräsidenten, und gegen dessen Bescheid an den Ober-„präsidenten; c) gegen ortspolizeiliche Verfügungen in Berlin an den „Oberpräsidenten.

„Gegen den in letzter Instanz ergangenen Bescheid des Regierungs-„präsidenten beziehungsweise des Oberpräsidenten findet die Klage bei „dem Oberverwaltungsgerichte statt. Die Klage kann nur darauf gestützt „werden, 1) daß der angefochtene Bescheid durch Nichtanwendung oder „unrichtige Anwendung des bestehenden Rechts, insbesondere auch der „von den Behörden innerhalb ihrer Zuständigkeit erlassenen Verordnungen „den Kläger in seinen Rechten verletze; 2) daß die thatsächlichen Voraus-„setzungen nicht vorhanden seien, welche die Polizeibehörde zum Erlasse „der Verfügung berechtigt haben würden. Die Prüfung der Gesetz-„mäßigkeit der angefochtenen polizeilichen Verfügung erstreckt sich auch „auf diejenigen Fälle, in welchen bisher nach § 2 des Gesetzes vom „11. Mai 1842 (Gesetz-Samml. S. 192) der ordentliche Rechtsweg „zulässig war. Die Entscheidung ist endgültig, unbeschadet aller privat-„rechtlichen Verhältnisse.

„§ 128. An Stelle der Beschwerde in allen Fällen des § 127 „findet die Klage statt und zwar: a) gegen die Verfügungen der Orts-„polizeibehörden auf dem Lande oder einer zu einem Landkreise gehörigen „Stadt, deren Einwohnerzahl bis zu 10 000 Einwohnern beträgt, bei „dem Kreisausschusse; b) gegen die Verfügungen des Landraths oder „der Ortspolizeibehörden eines Stadtkreises oder einer zu einem Land-„kreise gehörigen Stadt mit mehr als 10 000 Einwohnern bei dem „Bezirksausschusse. Die Klage kann nur auf die gleichen Behauptungen „gestützt werden, wie die Klage bei dem Oberverwaltungsgerichte (§ 127 „Absatz 3 und 4).

„§ 129. Die Beschwerde im Falle des § 127 Absatz 1 und die „Klage im Falle des § 128 sind bei derjenigen Behörde anzubringen, „gegen deren Verfügung sie gerichtet sind. Die Behörde, bei welcher

„die Beschwerde oder Klage angebracht ist, hat dieselbe an diejenige „Behörde abzugeben, welche darüber zu beschließen oder zu entscheiden „hat. Der Beschwerdeführer beziehungsweise Kläger ist hiervon in „Kenntniß zu setzen. Die Frist zur Einlegung der Beschwerde und zur „Anbringung der Klage gegen die polizeiliche Verfügung, sowie gegen „den auf Beschwerde ergangenen Bescheid beträgt zwei Wochen. Die „Anbringung des einen Rechtsmittels schließt das andere aus. Ist die „Schrift, mittelst deren das Rechtsmittel angebracht wird, nicht als Klage „bezeichnet oder enthält dieselbe nicht ausdrücklich den Antrag auf Ent„scheidung im Verwaltungsstreitverfahren, so gilt dieselbe als Beschwerde. „Bei gleichzeitiger Anbringung beider Rechtsmittel ist nur der Beschwerde „Fortgang zu geben. Das hiernach unzulässigerweise angebrachte Rechts„mittel ist durch Verfügung der im Absatz 1 bezeichneten Behörde zurück„zuweisen. Gegen die zurückweisende Verfügung findet innerhalb zwei „Wochen die Beschwerde an die zur Entscheidung auf die Klage berufene „Behörde statt. Wird die Beschwerde oder Klage der Vorschrift des „ersten Absatzes zuwider innerhalb der gesetzlichen Frist bei derjenigen „Behörde angebracht, welche zur Beschlußfassung oder Entscheidung „darüber zuständig ist, so gilt die Frist als gewahrt. Die Beschwerde „oder Klage ist in solchen Fällen von der angerufenen Behörde zur „weiteren Veranlassung an diejenige Behörde abzugeben, gegen deren „Beschluß sie gerichtet ist.

„§ 130. Gegen polizeiliche Verfügungen des Regierungspräsidenten „findet innerhalb zwei Wochen die Beschwerde an den Oberpräsidenten „und gegen den vom Oberpräsidenten auf die Beschwerde erlassenen „Bescheid innerhalb gleicher Frist die Klage bei dem Oberverwaltungs„gerichte nach Maßgabe der Bestimmungen des § 127 Absatz 3 und 4 „statt. Gegen polizeiliche Verfügungen des Regierungspräsidenten in „Sigmaringen findet innerhalb zwei Wochen unmittelbar die Klage bei „dem Oberverwaltungsgerichte statt. Gegen die Landesverweisung steht „Personen, welche nicht Reichsangehörige sind, die Klage nicht zu.

„§ 131. Der § 6 des Gesetzes vom 11. Mai 1842 (Gesetz-Samml. „192) findet auch Anwendung, wenn eine polizeiliche Verfügung im „Verwaltungsstreitverfahren durch rechtskräftiges Endurtheil aufgehoben „worden ist.

1. Die Rechtsordnung enthält Beschränkungen der natürlichen Handlungsfreiheit der Einzelnen; aber, was sie auf der einen Seite nimmt, giebt sie wieder, nämlich sie gewährt Schutz und Sicherheit für diejenigen natürlichen Willensbethätigungen, welche den Privaten nach dem objectiven Rechte unbeschnitten geblieben sind. Sie gewährt den Schutz sowohl gegenüber den Eingriffen Privater wie denen der

Organe des Staates. (S. Anm. zu § 50 L. V. G.) Gegen polizeiliche Verfügungen (s. zu § 10 II 17) giebt sie wahlweise sogar zwei Rechtsmittel, während in Ausnahmefällen überdem noch ein drittes, der Rechtsweg, offen gelassen ist. Schon die frühere Gesetzgebung hatte für den regelmäßigen Fall den Letzteren ausgeschlossen, denn § 1 des Ges. v. 11. Mai 1842 besagte: „Beschwerden über polizeiliche Verfügungen gehören vor die vorgesetzte Dienstbehörde." (S. § 127 L. V. G.) Man hat diese Anordnung einmal deswegen getroffen, weil man nicht Behörden eines fremden Ressorts (der Justiz) eine Einwirkung auf die innere Verwaltung gestatten wollte, welche deren Entwickelung zu hemmen vermocht hätte, andererseits, weil man bei den Verwaltungsinstanzen vermöge ihrer größeren Beziehungen zum öffentlichen Leben für eine angemessene Rechtsprechung eine sicherere Garantie als bei den zumeist mit der Beurtheilung des Privatrechts befaßten Gerichten erwarten durfte. Die gewöhnlichen Rechtsmittel sind formelle Beschwerde und Verwaltungsklage.

2. Angriff. Da der Staatsbürger gegen polizeiliche Eingriffe einen Schutz haben soll, so muß er dessen theilhaftig sein auch dann, wenn die Verfügung ihn nicht direct sondern indirect berührt. Es ist zur Beschwerde oder Klage daher nicht nur derjenige legitimirt, gegen den die Verfügung gerichtet ist, sondern auch der, welcher, trotzdem sie nicht an ihn erlassen ist, in seinen rechtlich geschützten Privat-Interessen verletzt zu sein behauptet.[1]) Diese Behauptung genügt zur Zulassung des Angriffes, denn ob die Verletzung stattgefunden hat, ist im Processe, nicht etwa vorher, festzustellen. „In seinen Rechten verletzt" heißt also nicht nur in einem „subjectiven Rechte," sondern auch in einem Rechtsgute getroffen sein, einem Gute, das von der Rechtsordnung zu schützen ist. Die gegentheilige Ansicht des O. V. G. wird von Müller verworfen. So hat der Trunkenbold die Klage gegen die polizeiliche Verfügung, welche ihm wegen der Eigenschaft eines solchen den Besuch der Gasthäuser verbietet, denn es giebt kein subjectives Recht zum Besuche solcher, vielmehr folgt die Freiheit zu thun, was nicht verboten ist, direct aus dem objectiven Rechte, der Rechtsordnung, weil sie dem nichts in den Weg legt; aber der angebliche Trunkenbold wird durch die Verfügung in seiner Freiheit beschränkt und, weil der Trunk ein Laster ist, durch Andichtung dieses auch in seiner Ehre verletzt — Freiheit und Ehre sind aber von dem Recht geschützte Güter. Andererseits hat

---

[1]) S. No. 12 zu § 10 II 17 Allg. L. R. Es kann auch der Zutritt zu einem schon bestehenden Processe, sogar in den oberen Instanzen erfolgen. O. V. G. XXVIII S. 424.

die Berechtigung zum Angriffe auch dann der Betroffene, wenn die Verfügung nur an die Gastwirthe erlassen ist, ihm nichts zu verschänken. Es hat das Recht ferner das Familienhaupt, das in der Ehre des Sohnes mitgekränkt ist. Es hat die Beschwerde oder Klage aber nicht Jemand, der da wähnt, die Befugnisse der Polizei gingen nicht soweit, daß sie Jemandem den Besuch der Wirthshäuser verbieten könne; man nehme z. B. den Fall, ein Winkelconsulent wolle sich durch Durchfechtung einer solchen Frage auch ohne den Willen eines Clienten einen Namen machen. Ein solches, in der Rechtssprache Popular- (Volks-) Klage genanntes Rechtsmittel zur Durchführung der Rechtsordnung an sich giebt es nicht. (O. V. G. 29./3. 86 Bd. XIII S. 335).[1] Wer da meint, daß er berufen sei, für Aufrechterhaltung der Rechtsordnung im Allgemeinen, ohne, daß ihn die Sache direct oder indirect selbst angeht, zu sorgen, der hat sich an die Aufsichtsinstanzen zu wenden. Ebenso muß für den Angreifer ein wider seinen Willen erfolgtes gegenwärtiges Verletztsein eigener, seiner Disposition unterliegender Interessen vorliegen. Wird zum Beispiele Jemandem die Benutzung eines Wasserlaufes zu gewerblichen Zwecken untersagt, so kann nicht ein anderer Gewerbetreibender das Rechtsmittel gegen die untersagende Verfügung einlegen, weil er dasselbe Interesse an der Benutzung des Gewässers hat und befürchtet, daß die gleiche Verfügung nun an ihn ergehen werde, sondern er muß warten, bis die Verfügung an ihn erlassen ist, selbst wenn sie bereits in Aussicht gestellt wäre, denn vor Ergehen der Verfügung ist sein Recht noch nicht beschränkt, sondern nur das des Anderen. Anders liegt z. B. der Fall, wenn der Gewerbetreibende, den die Verfügung getroffen hat, der Pächter ist; dann kann auch der Eigenthümer die Rechtsmittel ergreifen, wenn sein Vermögen durch die Anordnung beschädigt wird, daß von seinem Grundstücke aus die Benutzung des Wassers nicht mehr erfolgen darf.

Substantiirung der Klage. a) Wie schon angeführt, genügt zur Zulassung des Angreifers die Behauptung desselben, daß er sich in seinen von der Rechtsordnung geschützten privaten Interessen verletzt fühle; durchdringen mit dem Rechtsmittel kann der Betroffene aber nur dann, wenn die Polizei sich beim Erlaß der Verfügung nicht oder nicht mehr voll auf gesetzmäßigem Boden befunden hat, oder wenn sie sich in Beurtheilung der Anwendbarkeit des Gesetzes auf die geregelten thatsächlichen Verhältnisse geirrt hat. S. meinen Aufsatz in Selbstv. 1897, S. 177. (Die Prüfung der Gesetzmäßigkeit schließt diejenige der Nothwendigkeit

[1]) S. dagegen ausnahmsweis § 57 Zust. Ges. v. 1. August 1883. (Die Ausnahme ist nur scheinbar, der Interessentenkreis ist hier ein großer.)

dann ein, wenn nur „nöthige“ Verfügungen gesetzmäßige sind.) Vor Allem muß bemerkt werden, daß Jedermann sich die allgemeinen Einschränkungen der Handlungsfreiheit, insbesondere auf dem Gebiete des Eigenthumsrechtes gefallen lassen muß, mögen sie nun im Gesetze oder einer allgemeinen Polizeiverordnung begründet sein; ebenso muß der private Wille weichen, wenn die Behörde sich mit Recht auf die Generalklauseln im § 10 II 17 (bezw. Vo. v. 26./12. 1808 § 3 bei der Landespolizeibehörde) stützt. Der Angriff muß also darauf hinauslaufen, daß behauptet wird, weder in einer speciellen allgemeingültigen Vorschrift noch in einer Generalklausel sei ein Stützpunkt für die polizeiliche Verfügung vorhanden; oder die Vorschrift (Gesetz, Polizeiverordnung), auf welcher die Anordnung basire, sei formell (als nicht richtig zustande gekommen oder publicirt) oder materiell, (als unzuständigerweise den Gegenstand regelnd) ungültig und damit die Verfügung hinfällig; oder das angezogene Gesetz pp. treffe auf den Fall nicht zu, weil ein anderes im vorliegenden Falle anzuwenden sei. So kann behauptet werden, die angezogene Stadtpolizeiverordnung sei nicht sicherheitspolizeilicher Natur und doch nur nach Berathung mit dem Magistrate, nicht mit dessen Zustimmung erlassen, also nicht rechtsgültig; eine baupolizeiliche Vorschrift sei nur als „Ordnung“, „Reglement“, nicht als „Polizeiverordnung“ publicirt, also nicht in Geltung; der Gegenstand gehöre zum Gebiete der Schulverwaltung, das Recht kenne aber keine Schulpolizei, die Polizeiverordnung regele also einen Gegenstand, der der Gewalt der Polizei nicht unterstehe; die Behörde berufe sich auf das allgemeine öffentliche Recht, während der Fall durch ein lokales öffentliches Recht (eine Observanz, einen Receß) abweichend geregelt werde.

b) Es kann der Angriff nicht nur auf Rechts-, sondern auch auf Sachwidrigkeit gestützt werden, d. h. die Sachlage sei im vorliegenden Falle eine solche, daß überhaupt keine gesetzliche Befugniß zum polizeilichen Eingreifen zutreffe. Während der Richter das Gesetz kennen muß, sind ihm in der Regel die Sachverhältnisse nicht bekannt (notorisch).

Wenn sich hierüber also Streit erhebt, so muß derjenige die Beweismittel angeben, der eine Behauptung aufstellt. Behauptet die Behörde, es liege Gefahr vor, und leugnet dies der Betroffene, so muß die Polizei den Beweis für die Gefährdung führen [1]), sofern diese nicht nach Erfahrungssätzen aus den Umständen geschlossen werden muß.

---

[1]) Zwar giebt es eine eigentliche Beweislast nach positivem Verwaltungsprozeßrecht nicht, doch kann man erwarten, daß, wer behauptet, auch die Beweismittel angebe.

Läßt z. B. Jemand Küchenabwässer auf den ungepflasterten Hof laufen, so ist das Gericht oder die obere Instanz in der Lage, anzunehmen, daß eine Gefahr vorliege, denn man weiß, daß stagnirende und versickernde Abwässer zersetzt, in Luft und Grundwasser dringend, diese verpesten. Setzt aber der Gegner der polizeilichen Behauptung, die an sich also für bewiesen angenommen werden kann, die positive Behauptung entgegen, daß die Wässer einen flotten Abfluß fänden und deswegen weder versickerten noch stagnirten, so wird je nach den Umständen, er den Beweis antreten müssen oder die Polizei. (§§ 76, 71, 68 L. V. G.) Das Nichtvorhandensein einer thatsächlichen Voraussetzung liegt auch dann vor, wenn der Betroffene behauptet, nicht er oder sein Besitz habe die Gefahr verschuldet, sondern ein Anderer und sei dieser daher zur Abhülfe verpflichtet; das Grundstück, um das es sich handele, gehöre nicht ihm, sondern einem Nachbar. Hier muß nöthigenfalls die Polizei den Beweis führen, sofern der Betroffene nicht die Pflicht hat, zur Abhülfe des Mangels beizutragen, weil er an Erzeugung der Gefahr Antheil oder auch eine Pflicht, ihr vorzubeugen, hat; es kann sich nämlich ereignen, daß bei zwei Handlungen keine für sich allein einen unzulässigen Zustand verursacht, sondern erst deren Zusammentreffen. (Hier kann sich die Polizei an den Einen oder den Anderen wenden oder an alle Beide, je nach den Umständen.)

c) Es ist auch der Fall denkbar, daß bei sonst nicht bestrittenem Sachverhalte behauptet werde, die Verfügung sei unter Ueberschreitung der dem polizeilichen Ermessen gezogenen Schranken oder gänzlich ohne Wahrnehmnng polizeilicher Interessen willkürlich erlassen, ihr Erlaß sei bewußter Mißbrauch des Rechts zum Zwecke der Kränkung (Chikane). Dann muß der Angreifer solches unter Beweis stellen, denn bis zum Gegenbeweise muß der Behörde, welche öffentlichen Glauben genießt, vertraut werden, daß sie einen berechtigten Gebrauch ihrer Gewalt habe machen wollen, wobei für das Gegentheil noch nicht beweisend ist, wenn die Polizei über das absolut Nothwendige hinausgegangen sein sollte, zumal wo Vorsicht dies gebieten konnte. Wesentlich ist nur das Bewegen auf zuständigem Gebiete. (O. V. G. Bd. 18 S. 375.)

3. Die Rechtsmitteleinlegung ist, abgesehen von den Bestimmungen über die Wiedereinsetzung in den vorigen Stand (L. V. G. §§ 52, 112), z. B. wenn der Verletzte nachweislich von der Verfügung keine Kenntniß erlangt hat, nicht mehr zulässig, wenn die Frist abgelaufen ist. Ob dies der Fall ist, kann zweifelhaft sein. Wenn nämlich der Verletzte gegen die Verfügung vorstellig geworden ist, und die Behörde in Folge dieser „Gegenvorstellung“ noch einmal einen Bescheid ertheilt hat, der sich wiederum als Ausfluß der Verfügungsgewalt darstellen muß,

so wird eine neue Frist begonnen. Gleichgültig ist dabei, ob der neue Willensact sich mit den alten deckt, aber es muß immerhin ein für sich **selbstständiger** Wille bei dem neuen Acte vorliegen. Lehnt die Polizei also ab, auf eine nochmalige Prüfung einzugehen, so kann von einer Fristverlängerung nicht die Rede sein. Ein selbstständiger Wille liegt auch dann vor, wenn eine Anordnung dauernden Characters in Frage steht, und einerseits behauptet wird, der Grund zu derselben sei fortgefallen, andererseits unter Leugnung dieses Umstandes die Verfügung nicht aufgehoben wird. Z. B. die Behörde hat einem Hundebesitzer aufgegeben, das Thier nicht frei umherlaufen zu lassen, weil dasselbe bissig sei. Nach 6 Wochen beantragt der Besitzer, die Verfügung aufzuheben, weil der Hund nicht mehr bissig sei. Die Bissigkeit sei nicht ein dauernder Fehler des Thieres, sondern nur Folge einer jetzt überstandenen Krankheit. Hier hat die Behörde die Pflicht, die Aenderung der Sachlage zu prüfen, da mit der Voraussetzung die Verfügung fällt; entzieht sie sich dem, so verletzt sie den berechtigten Anspruch des Gegners auf Befreiung. Also beginnt eine neue Frist.

4. Bei der **Wahl des Rechtsmittels** ist Folgendes zu beachten: Der Weg der Beschwerde ist der bequemere, weil diese formlos, und der kürzere, weil die Entscheidung durch Einen erfolgt, der jederzeit, wenn die Sache spruchreif, seinen Beschluß fassen kann, ferner kostenfrei; und schließlich ist in letzter Instanz noch die Verwaltungsklage gegeben. Dagegen bietet die Klage im Verwaltungsstreitverfahren bei dem Rechte der Parteien auf mündliches Gehör vor einem Richtercollegium eine sicherere Garantie für Ausschließung von Irrthum und Willkür, aber andererseits kann im Streitverfahren, abgesehen von Wege- und Wasserbausachen die Frage nach der Nothwendigkeit oder der Zweckmäßigkeit der Verfügung nicht geprüft werden, sofern dies nicht zur Beurtheilung der Gesetzmäßigkeit absolut geboten ist. Denn die Beurtheilung der thatsächlichen Lage, der Wahrscheinlichkeit des Schadeneintrittes, der Frage nach der Geeignetheit des Gebots zur Gefahrverhütung, welche häufig genug geprüft werden muß, um die richtige Anwendung des Rechtes feststellen zu können, gehört in das Gebiet der Nothwendigkeit bezw. der Zweckmäßigkeit oder Angemessenheit. Die beiden letzteren Ausdrücke sind übrigens schwer auseinanderzureißen. Will man annehmen, daß sie Verschiedenes bedeuten sollen, so muß man fragen: Erreicht die Anordnung das, was sie will? Erreicht sie es auf geeignete, wenn möglich bestgeeignete Weise? — In Wege- und Wasserbaupolizeiangelegenheiten ist die Prüfung dieser Fragen, wie gesagt, nie verschränkt. S. No. 11. O. V. G. XIX S. 227; § 56, 66 Zust. Ges.

5. Abgesehen von Ausnahmen, z. B. bei Baudispensen, welche übrigens wie die Concessionirung auch nach der Bauausführung zulässig sind (§ 145 Zust. Ges., M. R. v. 21./2. 90, M. Bl. S. 52), hat die Polizeibehörde selbst, wenn im Beschwerdeverfahren ihre Verfügung aufgehoben wird, kein Rechtsmittel gegen diese Entscheidung, wie im Streitverfahren. Als Grund hierfür wird angegeben, daß die Auflehnung gegen die Meinung der vorgesetzten Behörde sich mit dem Gedanken der Einheitlichkeit der gesammten Staatspolizei nicht vertrage. Man läßt nur eine Vorstellung an die obere Instanz zu. Giebt diese hierauf der Behörde, welche die Verfügung erlassen hat, gegenüber ihrer Aufsichtsinstanz wieder Recht, so bleibt die Polizei dem Privaten gegenüber immer ins Unrecht gesetzt, wenn die Ansicht der Aufsichtsbehörde auch eine noch so fehlsame gewesen ist, weil der Private die Abänderung der Auffassung garnicht erfährt. Da der Fehler also nicht mehr gut zu machen ist, so unterbleibt denn auch meist die Vorstellung.

6. Wegen der Einheitlichkeit der gesammten Polizei kann sich die obere Instanz im Beschwerdeverfahren an die Stelle der erstverfügenden Behörde setzen und dekretiren, „die Verfügung ist dahin abzuändern, daß . . . .," d. h. sie braucht sich nicht auf ganze oder theilweise Aufhebung zu beschränken, sondern kann selbstständig anordnen, was polizeilicherseits nach ihrer Ansicht zu fordern ist. Der Verwaltungsrichter, der bei gewöhnlichen polizeilichen Verfügungen nur die Gesetzmäßigkeit, und zwar sowohl die formelle wie die materielle (Ob. Trib. Bd. 82 S. 361)[1], einer Verfügung zu prüfen hat, kann sich nicht an die Stelle der Polizei setzen, sondern hat nur zu erkennen: so und so weit beruht die Anordnung nicht auf dem Gesetz, deswegen ist sie ganz oder theilweise aufzuheben; eine Modifikation nach der thatsächlichen Seite hin ist hier ausgeschlossen. — Bei der Beweiserhebung ist die obere Instanz an die Ausführungen und Anträge der Parteien nicht gebunden. „Antrag" ist hier das an die Oberinstanz gestellte Verlangen, während Gegenstand des „Anspruchs" die dem Gegner angesonnene Leistung ist.

7. Die Anführung auf den Fall nicht zutreffender Gesetzesparagraphen ist kein Grund zur Aufhebung der Verfügung, sofern die letztere sich nur sonst auf gesetzlichem Gebiete hält, denn es ist überhaupt kein Zwang für die Behörde vorhanden, diejenige gesetzliche Bestimmung in ihrer Anordnung zu benennen, auf welche sie sich stützt. Sie muß nur das Bestehen der Polizeiwidrigkeit, d. h. das Verletztwerden des öffentlichen Interesses durch den vorliegenden Thatbestand betonen.

[1] Vergl. auch R. G. v. 23./6. 87, Rassow XXXII S. 922, O. V. G. 6./1. 97, Selbstv. S. 292.

8. Richtet sich der Angriff gegen die Rechtsbeständigkeit einer Polizeiverordnung, d. h. eine auf Grund der letzteren erlassene Verfügung, so wird doch nur die einzelne Verfügung aufgehoben, falls die angerufene Instanz die Rechtsgültigkeit der Verordnung in Frage stellt, nicht aber die Verordnung. Betreffs deren Beurtheilung vergl. Anmerkung 13 zum Ges. v. 11. März 1850.

9. Die Durchführung einer angefochtenen Anordnung kann durch Veränderung in den dem Erlasse derselben zu Grunde liegenden Voraussetzungen erschüttert werden. Die rechtliche Zulässigkeit einer polizeilichen Verfügung wird nämlich nach dem zur Zeit der Urtheilsfindung gültigen Rechte und nach der dann obwaltenden thatsächlichen Sachlage beurtheilt. Diese Regel kann natürlich da nicht Platz greifen, wo es sich lediglich um die Frage handelt, ob die Verfügung zur Zeit des Erlasses zu Recht bestand, gilt aber immer dann, wenn dieselbe auch in Zukunft rechtswirksam sein soll. S. No. 17ª und § 6 Ges. vom 11. Mai 1842.

10. Nach § 53 L. V. G. hat die Anbringung der Beschwerde, sowie der Klage, bezw. des Antrages auf mündliche Verhandlung im Verwaltungsstreitverfahren, sowie des Einspruchs, soweit die Gesetze nichts Anderes vorschreiben, im Allgemeinen aufschiebende Wirkung. Verfügungen, Beschwerden und Beschlüsse können jedoch, auch wenn dieselben angefochten sind, zur Ausführung gebracht werden, sofern letztere nach dem Ermessen der Behörden ohne Nachtheil für das Gemeinwesen nicht ausgesetzt bleiben kann, vorbehaltlich der Bestimmung des § 133 Abs. 3, wonach Haftstrafe nicht vorläufig vollstreckt werden darf. S. § 55 Zust. Ges. in Wegeunterhaltungssachen (direkte Ausführung auf Rechnung des Verpflichteten).

11. Die Erörterung der Zweckmäßigkeits- und Nothwendigkeitsfragen soll nach § 12 Abs. 3 No. 1 im Allgemeinen ausgeschlossen sein;[1] dies trifft auf Wege- und Wasserpolizeiangelegenheiten in den Fällen der §§ 56, 66 Zust. Ges. nicht zu. Aber auch sonst ist das Eingehen auf derlei Fragen häufig nicht zu vermeiden. Wird zum Beispiel die Niederlegung eines baufälligen Gebäudes gefordert, so kann ev. die Frage der Baufälligkeit nicht ohne Erörterung gelassen werden, entschieden eine Ermessensfrage. Auch die Fragen nach dem Vorhandensein von Gefahr, nach der Erforderlichkeit des polizeilichen Einschreitens (Selbsthülfe, Anrufung des Gerichts!!), nach der Geeignetheit des Angeordneten, der Gefahr begegnen zu können,

---

[1]) Dies geht aus § 1 Ges. v. 11./5. 42 hervor. Vgl. § 17 Ges. v. 11./3. 50.

sind meist nicht zu umgehende Ermessensfragen. Der Kern ist, daß nicht auf das Gebiet der reinen Verwaltung hinübergegriffen werden darf. Wer eine Sachprüfung nach dieser Richtung hin fordert, darf sich nicht an die Verwaltungsgerichte, sondern muß sich an die Verwaltungsbehörden wenden. Die Frage der Nothwendigkeit pp. kann also im Streitverfahren nur dann geprüft werden, wenn zielloses, chikanöses Vorgehen der Polizei behauptet wird. S. Nr. 2 und 4.

12. Betreffs der Revisionseinlegung vergl. § 94, wonach dieselbe auch darauf gestützt werden kann, daß das Verfahren an wesentlichen Mängeln leide. Ob dies vorhanden, ist Sache des Gerichtes, zu prüfen. Diese Bestimmung muß auch auf den Angriff polizeilicher Verfügungen anwendbar sein.

13. Wenn im vorletzten Absatze des § 127 kurzweg gesagt ist, daß die Prüfung der Gesetzmäßigkeit der Verfügung auch dann vor den Instanzen der Verwaltung und nicht nach § 2 Ges. vom 11. Mai 1842 im Rechtswege zu erfolgen habe, wenn die Befreiung von der polizeilich auferlegten Verpflichtung auf Grund einer besonderen (von der Rechtsregel abweichenden) Vorschrift oder eines speciellen (ausnahmeartigen individuellen) Titels behauptet wird, so bezieht sich diese Bestimmung, wie anderen Commentatoren (außer Oertel und jetzt auch Biermann) gegenüber hervorgehoben werden muß, doch nur auf öffentlich-rechtliche Vorschriften (Localrecht) und individuelle Titel aus öffentlich-rechtlichen Verhältnissen (bestätigter Vertrag). cf. Koehne, Rechtsweg, Berlin Carl Heymann, 1895 S. 28—31. Darauf deutet nicht nur der im Hinblick auf § 7 L. V. G. sonst überflüssige letzte Satz des § 127, sondern auch die Analogie mit den §§ 56 und 66 Zust. Ges. (Erk. Komp. Ger. v. 14. IV. 83 am Ende. V. M. Bl. S. 150.) Wenn der befreiende Titel aus privatrechtlichen Verhältnissen herrührt (Privileg, Verjährung), dann geht die Klage an das Civilgericht. In Receßbestimmungen und Verträgen, welche die Staatsaufsichtsbehörde bezw. die Polizei genehmigt hat, können befreiende Titel enthalten sein, deren Erörterung als der Polizei gegenüber von öffentlich-rechtlicher Wirkung vor den Verwaltungsinstanzen zu erfolgen hätte. Uebrigens sind derlei Processe äußerst selten, denn das Eigenthum an sich ist keine besondere Vorschrift und die speciellen Rechtstitel müssen eben so geartet sein, daß sie die Polizeibehörde binden. R. G. E. 26./4. 89 J. M. Bl. S. 201. S. Anm. 12 zum Ges. v. 11. Mai 42. Ueber Verjährung s. No. 22.

14. Handelt es sich um eine Entschädigungsfrage, so ist diese vor den ordentlichen Gerichten nach Maßgabe des § 4 Ges. v. 11. Mai 1842 zum Austrage zu bringen. Es sei jedoch bemerkt, daß der Regel nach

jeder Eigenthümer verbunden ist, seinen Besitz in solchen Zustand zu bringen und darin zu unterhalten, daß das gemeine Beste durch denselben nicht verletzt werde, und daß Jeder sich ohne Entschädigung die regelmäßigen Einschränkungen, soweit sie auf Gesetz oder Polizei- bezw. sonstiger Rechtsverordnung beruhen, gefallen lassen muß, daß vielmehr ein Anspruch auf Entschädigung nur unter folgenden beiden Bedingungen vorliegt: a) es muß eine ausnahmsweis erfolgende Aufopferung von Vortheilen im gemeinen Interesse erfolgt sein, und b) eine öffentlich-rechtliche Vorschrift vorhanden sein, welche die Entschädigungsfrage selbst regelte. In letzterer Beziehung zeigt sich eine klaffende und sehr bedauerliche Unklarheit in der Gesetzgebung. Denn die §§ 73 ff. Einleitung zum Allg. Landrecht und Art. 9 der Preuß. Verfassungsurkunde, welche besagen, daß bei Collisionen zwischen den Interessen der Gesammtheit und der Einzelnen die Letzteren bei Entziehung oder Beschränkung des Eigenthums nach Maßgabe des Gesetzes entschädigt werden sollen, werden Beide vielfach nur als eine Richtschnur für die Gesetzgebung angesehen, und Entschädigung dann nicht gewährt, wenn eine besonders diese Frage regelnde Bestimmung nicht vorhanden ist, da z. B. die Gesetzgebung über Enteignung nicht auf die Fälle polizeilicher Eigenthumsentziehung ausgedehnt werden darf. Das Gesetz hätte zu bestimmen über Umfang und Beginn der Entschädigungspflicht sowie die Bezeichnung des Verpflichteten. Die vorgetragene Ansicht der Judikatur erscheint unhaltbar. Art. 9 sagt nicht, daß nach Maßgabe des Gesetzes **entschädigt** werden solle, sondern daß „bei Eigenthums**beschränkungen nach Maßgabe des Gesetzes**" vorgängig, in dringenden Fällen wenigstens vorläufig eine Entschädigung festgestellt werden müsse, und die Bestimmung des § 75 ist eine allerdings nicht befolgte, aber ganz dictatorische. S. Kab. O. v. 4./12. 31 G. S. S. 255. Sache des Geschädigten bezw. des Richters ist es, zu erwägen, wie die Höhe des Schadens nach § 75 Einl. A. L. R. zu bemessen sei, und wer die Entschädigung zu tragen habe. S. zu Art. 9 vorn. Dem Kläger muß also die zu berechnende Differenz des Werthes nach und vor der beschädigenden Thatsache im Augenblicke der Aufopferung gewährt werden, damit er in Gegenwart und Zukunft (?) keinen Verlust erleide. Zur Entschädigung verbunden ist Derjenige, dessen Interesse die Aufopferung erheischt, der Staat, die unmittelbar begünstigte Gemeinde (unter Umständen auch, durch die Behörde, ein Einzelner oder eine Interessentengruppe), und zwar hat er die Entschädigungspflicht auch schon, ehe er in den Genuß des Vortheils tritt. Von dem Grade der Begünstigung an sich hängt die Höhe der Entschädigung nicht ab. (S. Koehne, Rechtsweg, S. 36—41. Erk. R. G.

v. 28./10. 93. Bd. 32 S. 211, 14./6. u. 20./9. 1890 J. M. Bl. 91 S. 3 u. 15.) S. ob. bei Art. 9 u. Anschütz, „Ersatzanspruch“.

15. Ueber den Regreß gegen den Beamten s. § 6 des Ges. v. 11./5. 1842 § 131 L. V. G., und meinen Commentar S. 46 ff. sowie das Ges. v. 13./2. 54 über die Erhebung des Conflicts. Eine solche kann auch noch nach Mißbilligung der Verfügung im Wege des Beschwerde- oder Verwaltungsstreitverfahrens erfolgen. Die Polizeibeamten genießen also einen doppelten Schutz, weil es im Interesse der Verwaltung liegt, daß die Civilgerichtsbarkeit eine Einwirkung auf sie nur im äußersten Nothfalle habe. Ueber die Vertretungsverbindlichkeit der Beamten s. Allg. Landrecht §§ 88 ff. II 10 und § 22 I 3. Ueber die etwaige Haftung von Staat und Commune sowie von sachverständigen Berathern der Polizei siehe Löning, Haftpflicht, 1879, und den oben angezogenen Commentar Anm. 26, 40 b ff., 50, 55 und R. G. E. v. 24./1. 1895 Bd. XXIV S. 294. Die öffentlich-rechtlichen und die privatrechtlichen Vertretungsbefugnisse der Beamten in Ansehung der Gemeinden müssen sorgsam unterschieden werden. (R. G. E. v. 24./1. 1895. Selbstv. 1896 S. 9.) Auch bei Zurücknahme der Verfügung durch die Polizei kann die Beschwerde oder Klage über die Frage, ob dieselbe zur Zeit des Erlasses eine berechtigte war, durchgeführt werden, um für den Proceß aus § 6 Ges. v. 11 Mai 1842 die Unterlage zu beschaffen. O. V G. 3./7. 1895 Bd. XXVIII S. 343. Die Zurücknahme der Verfügung allein genügt nicht, um das Regreßverfahren zulässig zu machen, Comp. Ger. Erk. v. 12./1. 1884 (V. M. Bl. S. 45), sondern es muß die Mißbilligung von höherer Instanz vorliegen. Andererseits macht die Zurücknahme durch die Polizei selbst den Regreß nicht unzulässig.

16. Das Zuständigkeitsgebiet der Verwaltungsinstanzen muß von demjenigen der ordentlichen Gerichte nach Möglichkeit scharf abgegrenzt werden, um das Ansehen der die Rechtspflege erschütternden, abweichenden Entscheidungen analoger Streitigkeiten durch verschiedene Instanzenzüge zu vermeiden. Immerhin fällt gelegentlich der Polizei die Aufgabe zu, privatrechtliche Differenzen vorbehaltlich des Rechtsweges interimistisch zu schlichten. Solche Fälle können vom Gesetz vorgesehen sein (z. B. Gesindestreit), oder die Aufgabe kann unvorhergesehen an die Behörde herantreten, so zwar, daß eine ihr obliegende Entscheidung nicht ohne vorherige, einstweilige, sogenannte Incident-Feststellung privatrechtlicher Streitfragen gefaßt werden kann; solcherlei Zwischenfeststellungen ergehen dann unbeschadet der Austragung in dem hierfür sonst geordneten Verfahren. Kommen zur Begründung einer Pflicht privat- und öffentliche Normen in Betracht, so ist für die Eigenschaft eines Rechts-

anspruchs als eines bürgerlichen oder öffentlichen Rechtsanspruchs diejenige Norm entscheidend, welche in der logischen Gedankenreihe, welche die Pflicht rechtlich begründet, zuletzt gedacht werden muß. O. V. G. Bd. 28 S. 269. Wird z. B. Ersatz für nicht im Zwangsverfahren einziehbare Auslagen gefordert, so ist der privatrechtliche Character dieses vom Kläger behaupteten subjectiven Rechtes und nicht die Rechtsnorm maßgebend, nach welcher das im Streite vorliegende Rechtsverhältniß beurtheilt werden muß. Der Kreis der Privatrechte deckt sich eben mit dem Kreise der auf privatrechtlichem Titel beruhenden Ansprüche nicht. Dieserhalb sind die aus öffentlich-rechtlichen Verhältnissen hervorgehenden privatrechtlichen, insbesondere vermögensrechtlichen Ansprüche von der Verfolgung im ordentlichen Rechtswege keineswegs ausgeschlossen;[1]) nur einzelne Gruppen derselben sind vor das Forum der Verwaltungsinstanzen gezogen: so die Vertheidigung durch polizeiliche Verfügung verletzter Privatrechte überhaupt und besonders die Fälle des § 127 Abs. 4 und §§ 56, 66 Zust. Ges. (s. dort Näheres). Vergl. die Bestimmungen der §§ 2, 4—6 Ges. v. 11. Mai 1842. Der § 5 hier ist selbstverständlich und nur der Vollständigkeit wegen aufgenommen. Wo Processe den Verwaltungsgerichten überwiesen sind, ohne bloß vorläufig oder zwischendurch Gültigkeit zu haben, binden deren Entscheidungen natürlich sowohl die Parteien, wie den etwa später in Thätigkeit tretenden Civilrichter, d. h. dieser kann nicht incidenter etwas anderes feststellen, als der Verwaltungsrichter entschieden hat. (Geschäftsführung, nützliche Verwendung, nothwendige Cession.)

17. Anbringung von Beschwerde und Klage. Damit controlirt werden könne, ob nicht etwa Klage und Beschwerde angebracht werden, ist vorgeschrieben, daß die Rechtsmittelarten beide bei der Polizei eingereicht werden sollen. Die Frist wird aber nicht versäumt, wenn die zur Entscheidung berufene Behörde den Schriftsatz rechtzeitig erhält. Die weitere Beschwerde ist nicht mehr bei der Polizei anzubringen. Geht hier das Schriftstück zwar rechtzeitig ein, erreicht es aber die 2. Beschwerdeinstanz nicht fristgemäß, so ist dem Rechtsmittel nicht Fortgang zu gewähren. Eine falsche Belehrung durch die Behörde giebt kein Recht auf Wiedereinsetzung in den vorigen Stand (S. § 112 L. V. G.).[2]) Bei Wege- und Wasserpolizeisachen greift die Regel Platz, daß nach dem Einspruchsverfahren die „Klage" bei dem zuständigen Gerichte (Kreisausschuß, Bezirksausschuß) anzubringen ist. Die Frist läuft von der Zustellung der Schriftstücke ab, für deren Beurkun-

---

[1]) Comp. Ger. 10./11. 1894. J. M. Bl. 95 S. 26.
[2]) Betr. des Beschwerdeverfahrens s. O. V. G. Bd. 21 S. 244.

dung die Polizei zu sorgen hat und für welche sie beweispflichtig ist (§ 52 L. V. G. § 198 C. P. O.). Bei der Berechnung einer Frist, welche nach Tagen bestimmt ist, wird der Tag nicht mitgerechnet, auf welchen die Zustellung fällt. Eine Frist, welche nach Wochen bestimmt ist, endigt mit Ablauf desjenigen Tages der letzten Woche, welcher durch seine Benennung dem Tage entspricht, an welchem die Frist begonnen hat. Fällt das Ende einer Frist auf einen Sonntag oder allgemeinen Feiertag, so endigt die Frist mit Ablauf des nächstfolgenden Werktages (§ 52 L. V. G., §§ 199, 200 Civilproceßordnung). Die Klage beim Kreisausschusse kann zu Protokoll erklärt werden. In derselben ist ein bestimmter Antrag (an das Gericht) zu stellen und es sind die Person des Beklagten (die Polizeibehörde), der Gegenstand des Anspruches (Aufhebung der Verfügung), sowie den Antrag begründende Thatsachen genau zu bezeichnen, auch die Beweismittel anzugeben;[1]) das Verwaltungsstreitverfahren muß beantragt werden, nicht nothwendigerweise dagegen die Anberaumung des Termins zur mündlichen Verhandlung. Die Klage kann nach Maßgabe des Landesverwaltungsgesetzes (§ 71) in der ersten Instanz, in den späteren aber nicht mehr (§ 92) abgeändert, auch stets zurückgenommen werden. Das Gericht, (nicht der Vorsitzende) ist befugt — aus der Sachlage kann sich auch (§ 71) seine Verpflichtung ergeben —, zwecks Gewinnung einer klaren Ueberzeugung von der Rechts- und Sachlage Beweiserhebung zu beschließen. Nur der Parteieneid ist ausgeschlossen. Die Parteien sind befugt, aber nicht verpflichtet, Zeugen mit zur Stelle zu bringen. Die Zeugenaussagen — von der Vereidigung[2]) kann abgesehen werden — müssen mit directer Redeform protokollirt werden.[3]) Das Gericht hat nach seiner freien Ueberzeugung zu entscheiden. Beim Ausbleiben einer Partei können die von der Gegenpartei vorgebrachten Thatsachen für zugestanden erachtet werden, sofern nicht eine bestreitende Erklärung vorliegt. Es können auch Vorbescheide Seitens des Vorsitzenden oder des Gerichtshofes erlassen, auch die Entscheidungen durch Urtheil ohne mündliche Verhandlung getroffen werden. In den Endurtheilen und Vorbescheiden ist nach Maßgabe des Klageanspruches der Werth des Streitobjectes festzusetzen. Nach ihm regelt sich die Erhebung der Kostensätze. Für die Kreisausschußinstanz werden Rechtsanwaltskosten nicht erstattet; „für Wahrnehmung der mündlichen Verhandlung" vor dem Bezirksausschusse und dem Oberverwaltungsgerichte können in der

[1]) Urkunden mindestens abschriftlich doppelt beizufügen.
[2]) Die Polizei kann Zeugen nicht vereidigen.
[3]) Das Protokoll wird von Parteien und Zeugen nicht unterschrieben.

Regel die Parteien bezw. Beigeladenen ihre wirklich entstandenen baaren Auslagen auch nur bis zur Höhe[1]) der einem Rechtsanwalt nach Maßgabe der Gebührenordnung für Rechtsanwälte zustehende Bezüge liquidiren. Proceßgebühr (bis 20 M. 2 M., 60 M. 3 M., 120 M. 4 M., 200 M. 7 M., 300 M. 10 M., 450 M. 14 M., 650 M. 19 M., 900 M. 24 M. ff.) zu ein halb, Verhandlungsgebühr und ev. Beweisgebühr voll für jede Instanz. §§ 9, 13, 43 Geb. O. v. 7. Juli 1879 (R. G. Bl. S. 176) § 103 ff. L. V. G.

17a. Rechtsanwendung. Abgesehen von dem Ausnahmefalle, daß für den Anfechtenden ein rechtliches Interesse obwaltet, eine Entscheidung darüber zu erhalten, ob die angefochtene Verfügung zur Zeit ihres Erlasses gerechtfertigt oder ungerechtfertigt war (Regreßnahme, § 6 Ges. v. 11. Mai 1842, § 131 L. V. G.), ist von den oberen Instanzen dahin zu entscheiden, wie die Polizeibehörde sich vom Zeitpunkte dieser Entscheidung ab, also in Zukunft, dem Anfechtenden gegenüber zu verhalten habe (O. V. G. Bd. XXVIII S. 345). Man muß sich vorhalten, daß vielfach auch das Verwaltungsstreitverfahren ein Verwaltungsdecernat ist, welches nur zur gründlichen Erörterung des gesammten, den Parteien bekannt zu gebenden Sach- und Rechtsstoffes (O. V. G. 9./3. 95, Selbstv. 96 S. 71) bei Vorliegen wichtigerer Interessen in formellem Verfahren mit dem Rechte der Parteien auf mündliches Gehör zwecks Vermeidung von Einseitigkeit, Irrthum und Willkür erledigt wird. Der oberen Instanz liegt also nicht ob, die Verfügung, den Einspruchsbeschluß, das Vorerkenntniß zu kritisiren, sondern sie soll die Angelegenheit nach Lage derjenigen Rechtssätze regeln, welche zur Zeit ihrer Entschließung in Geltung sind. An die Erhebung des Antrages sind keine Rechtswirkungen geknüpft. Ebenso sind für die Entscheidung diejenigen thatsächlichen Verhältnisse maßgebend, welche zur Zeit der Entscheidung, nicht der Verfügung, bestehen. (Müller, Verwaltungsrechtspflege S. 43 u. O. V. G. Bd. 6 S. 258 u. S. 270.) Bei Wege- und Wasserpolizeiverfügungen (§§ 56, 66 Zust. Ges.) muß daher auch der Verwaltungsrichter die Zweckmäßigkeitsfrage nach den neuen Verhältnissen beurtheilen. O. V. G. XII S. 223. Die Entscheidung erfolgt nicht in Form directer Anweisung an die Polizeibehörde, sondern diese hat ihr Verhalten aus der Entscheidung zu folgern. O. V. G. 25./3. 96, Selbstv. 652. Dennoch **bedarf es** nicht einer formellen Aufhebung der Verfügung durch die Polizei.

---

[1]) cf. analog Entsch. des Bundesamts für das Heimathwesen. Bd. 6 S. 104. Sind die — für jede Instanz einzeln aufzustellenden — Kosten geringer, so dürfen nur diese gefordert werden. O. V. G. XVIII S. 447.

18. **Beweis.** Soweit die Beweislast überhaupt für das Verwaltungsstreitverfahren in Betracht kommt, muß es auch hier bei dem allgemeinen Grundsatze verbleiben, daß derjenige, welcher eine Ausnahme von der Regel behauptet, diese Ausnahme zu beweisen hat, mindestens die Beweismittel angeben soll. Eine bestimmte Maxime für das Verwaltungsstreitverfahren (Untersuchungs-, Verhandlungsmaxime) existirt nicht. (contra Bornhak, Selbstv. Nov. 1896. S. aber Müller S. 180.) Dem Richter ist nicht zwingend geboten, die materielle Wahrheit zu erforschen, aber er ist befugt, nach eigenem Ermessen dem Sachverhalte nachzuspüren, und er muß dies pflichtgemäß, wenn er sonst nicht zu einer klaren Ueberzeugung von der Rechts- und Sachlage gelangen kann; sonst hat er freie Hand. Der Proceßbetrieb, z. B. die Ladung der Zeugen und Sachverständigen liegt bei ihm, auch die Beiladung Dritter kann nur durch ihn erfolgen, selbst gegen den Willen der Parteien. Vom Anerkenntnisse darf er nur vorsichtigen Gebrauch machen. Es kann sehr wohl eine Partei scheinbar Nachtheil, in der That aber Vortheil durch ein falsches Anerkenntniß haben. Gesteht Jemand der Polizei gegenüber die erst bestrittene Oeffentlichkeit eines Weges zu, so muthet er dadurch, die Unterhaltungslast dem nach öffentlichem Rechte Unterhaltungspflichtigen an. Zwar kann sein Anerkenntniß nicht ohne Weiteres einen Dritten binden. Bestreitet also der nach öffentlichem Rechte Wegebaupflichtige die Oeffentlichkeit des Weges, so beginnt, wenn der Pflichtige nicht schon am Processe betheiligt ist, ein neuer Proceß. Da bei der Oeffentlichkeitserklärung eines Weges der Baupflichtige stets betheiligt ist, so empfiehlt sich immer seine Beiladung, damit die Entscheidung auch für ihn gültig werde. (Die Beigeladenen, welche wegen Berührung ihrer Rechtssphäre zum Processe zugezogen sind (§ 70 L. V. G.), haben, wenn sie diese ihre Interessen verletzt glauben, ebenfalls die Rechtsmittel, desgl. der Commissar des öffentlichen Interesses im Falle des § 74 L. V. G. Abs. 3. Im Gutsbezirke ist Partei nicht der Gutsvorstand, sondern die Gutsherrschaft. Ueber den Zutritt nicht Beigeladener zum Processe (Nebenintervention) s. O. V. G. E. v. 23./10. 95 Bd. XXVIII S. 417.)

19. Res judicata. Rechtskräftige Entscheidung liegt dann vor — selbst bei Unzuständigkeit des Gerichtes — wenn unter denselben Parteien über den nämlichen Gegenstand auf der gleichen Grundlage ein formell oder materiell endgültiger Spruch ergangen ist, und das Urtheil eine Streitentscheidung enthält. Der Streit kann schweben über die Erfüllung eines Anspruches oder über die Richtigkeit einer Meinung. Polizeiliche Befehle[1]) können daher, auch wenn sie ober-

[1]) welche auf Grund des Gesetzes latente Verpflichtungen präsent werden lassen.

instanzlich aufgehoben waren, wiederholt werden. Rechtskräftig wird nur der entscheidende Theil des Urtheils (der Tenor), nicht die Gründe, insbesondere nicht Feststellungen, welche nicht den Gegenstand der Klage bilden, sondern nur getroffen worden sind, weil ohne sie eine Entscheidung über den Klageanspruch nicht erfolgen konnte. (Incidentfeststellungen s. No. 16.) S. Müller, Verwaltungsrechtspflege, S. 192 ff., 53 ff. Ist eine Concession versagt worden, so kann der Antrag erneuert werden. Ueber Wiederaufnahme des Verfahrens s. § 100 L. V. G.

20. Ueber Unterschiede von Conflict und Competenzconflict s. Erk. Comp. Ger. v. 6. October 1855, V. M. Bl. S. 225. S. auch Koehne, Rechtsweg 1895.

21. Ueber die Parteifähigkeit der Polizeibehörden s. R. G. E. 7./11. 82 Pr. Verw. Bl. Bd. IV S. 352. Die Commissare in den Fällen des L. V. G. § 74 Abs. 1 u. 2 sind nicht Partei und können Rechtsmittel nicht einlegen, s. No. 18 am Ende (cf. § 84).

22. Verjährung und Observanz. Wie schon in Note 16 zu § 10 II 17 Allg. Landr. erwähnt, kann der Einwand, daß Verjährung eingetreten sei, in der Regel nicht gemacht werden, denn es besteht keine ausdrückliche gesetzliche Vorschrift, welche besagte, daß das öffentliche Recht durch Verjährung abgeändert werden könne. Nur da, wo die Polizei ein fakultatives Ermessen hat, ist es nach Annahme des Reichsgerichts, Entsch. v. 26. Mai 1886 Nassow 32 S. 945, möglich, daß, wo sie von solchem in rechtsverjährter Zeit keinen Gebrauch macht, und nicht ein besonderes Verbot vorliegt, Verjährung zwischen der Polizei und dem Dritten eintritt. An öffentlichen Wegen übrigens, welche, wie die öffentlichen Flüsse, res extra commercium sind, können hinsichtlich der Benutzung und des Eigenthums am Wegekörper nach dem Oeffentlichwerden durch Verjährung Rechte nicht erworben werden, mindestens nicht solche, welche die öffentlich-rechtliche Servitut der Bestimmung zum öffentlichen Verkehre einschränken könnten oder das quasiservitutarische Recht der Anlieger zur Mitbenutzung von Straßentheilen für den Verkehr von der Straße zu den Grundstücken an ihnen. Es kann aber in Frage kommen, ob statt des individuellen Rechtstitels der Verjährung etwa ein objectives Recht, eine Observanz hat zu Stande kommen können.[1]) Eine bestimmte Zeit und eine bestimmte Zahl von Fällen ist für die Annahme einer solchen dauernden, auf Rechtsüberzeugung beruhenden, Gewohnheitsrecht bildenden Uebung nicht vorgeschrieben O. V. G. Bd. V S. 155. (Siehe über Bildung von „Observanz" und

---

[1]) O. V. G. VIII S. 223.

„Herkommen“ auch No. 2 zu § 56 Zust. Ges.) Bei der Verjährung durch Nichtgebrauch bedarf es einer Frist von 30 Jahren (Ersitzung der Freiheit), bei Verjährung durch Besitz im Falle des Vorhandenseins eines objectiv fehlerhaften Rechtstitels der Frist von 10 (gegen Gemeinden 20) Jahren, sonst des Zeitraums von 30 Jahren. Gegenüber dem Fiskus (Staat in vermögensrechtlicher Beziehung, nicht als Gewalt übendem Factor) und Kirchen tritt Verjährung erst nach 44 Jahren ein. Aus dem inneren Unterschiede zwischen Observanz und Verjährung ergiebt sich auch die Unmöglichkeit, die Regeln, welche für den Beweis und die Unterbrechung der Verjährung gelten, auf Observanzen anzuwenden. Bei dem Beweise von Observanz handelt es sich nie um die Nachweisung von Anfang und Vollendung, sondern um den Beweis des Bestehens. Welche Handlungen und wieviel dazu als erforderlich anzusehen seien, bestimmt sich jeweilig nach den Umständen. Die Gewohnheit ist nicht der Entstehungsgrund der Observanz, sondern deren Erkenntnißquelle (cf. Rehbein, Entsch. des Obertribunals Bd. I S. 27 ff.). Der Ursprung ist vielmehr die rechtliche Ueberzeugung. Die Verjährung erfordert einen bestimmten Berechtigten und Verpflichteten. Die Observanz gilt an sich allgemein für Jeden, den sie berührt; daß sie sich zufällig unter nur 2 Betheiligten bilde, ist dabei nicht ausgeschlossen. Observanz ist nicht Veränderung von Rechten, sondern Abweichung von der Rechtsregel. Beweisen muß, wer Befreiung von der Regel behauptet. Als ungeschriebenes Recht braucht der Richter die Observanz nicht zu kennen.

III. Zwangsmaßnahmen.

„§ 132. Der Regierungspräsident, der Landrath, die Ortspolizei„behörde und der Gemeinde (Guts-) Vorsteher (-Vorstand) sind berechtigt, „die von ihnen in Ausübung der obrigkeitlichen Gewalt getroffenen, „durch ihre gesetzlichen Befugnisse gerechtfertigten Anordnungen durch „Anwendung folgender Zwangsmittel durchzusetzen: 1) Die Behörde hat, „sofern es thunlich ist, die zu erzwingende Handlung durch einen Dritten „ausführen zu lassen und den vorläufig zu bestimmenden Kostenbetrag „im Zwangswege von den Verpflichteten einzuziehen. 2) Kann die zu „erzwingende Handlung nicht durch einen Dritten geleistet werden, — „oder steht es fest, daß der Verpflichtete nicht im Stande ist, die aus „der Ausführung durch einen Dritten entstehenden Kosten zu tragen, — „oder soll eine Unterlassung erzwungen werden, so sind die Behörden „berechtigt, Geldstrafen anzudrohen und festzusetzen, und zwar: a) die „Gemeinde- (Guts-) Vorsteher bis zur Höhe von fünf Mark; b) die

„Ortspolizeibehörden und die städtischen Gemeinde-Vorsteher (-Vorstände) „in einem Landkreise bis zur Höhe von sechszig Mark; c) die Landräthe, „sowie die Polizeibehörden und Gemeinde-Vorsteher (-Vorstände) in einem „Stadtkreise bis zur Höhe von einhundertfünfzig Mark; d) der Regierungs-„präsident bis zur Höhe von dreihundert Mark. Gleichzeitig ist nach „Maßgabe der §§ 28, 29 des Strafgesetzbuchs für das Deutsche Reich „die Dauer der Haft festzusetzen, welche für den Fall des Unvermögens „an die Stelle der Geldstrafe treten soll. Der Höchstbetrag dieser „Haft ist

in den Fällen zu a = Ein Tag,
 = = = b = Eine Woche,
 = = = c = Zwei Wochen,
 = = = d = Vier Wochen.

„Der Ausführung durch einen Dritten (Nr. 1), sowie der Festsetzung „einer Strafe (Nr. 2) muß immer eine schriftliche Androhung hervor-„gehen; in dieser ist, sofern eine Handlung erzwungen werden soll, die „Frist zu bestimmen, innerhalb welcher die Ausführung gefordert wird. „3) Unmittelbarer Zwang darf nur angewendet werden, wenn die „Anordnung ohne einen solchen unausführbar ist.

„§ 133. Gegen die Androhung eines Zwangsmittels finden dieselben „Rechtsmittel statt, wie gegen die Anordnungen, um deren Durchsetzung „es sich handelt. Die Rechtsmittel erstrecken sich zugleich auf diese „Anordnungen, sofern dieselben nicht bereits Gegenstand eines besonderen „Beschwerde- oder Verwaltungsstreitverfahrens geworden sind.

„Gegen die Festsetzung und Ausführung eines Zwangsmittels findet in allen „Fällen nur die Beschwerde im Aufsichtswege innerhalb zwei Wochen statt.

„Haftstrafen, welche an Stelle einer Geldstrafe nach § 132 Nr. 2 „festgesetzt sind, dürfen vor ergangener endgültiger Beschlußfassung oder „rechtskräftiger Entscheidung auf das eingelegte Rechtsmittel beziehungs-„weise vor Ablauf der zur Einlegung desselben bestimmten Frist nicht „vollstreckt werden.

„§ 134. Die Bestimmungen des gegenwärtigen und des vierten „Titels finden sinngemäß Anwendung auf die besonderen Beamten und „Organe, welche zur Beaufsichtigung der Fischerei vom Staate bestellt „sind (§ 46 des Fischereigesetzes vom 30. Mai 1874, Gesetz-Samml. S. 197).

„Die Vorschriften der §§ 127, 128 finden in den Fällen des § 2 „Absatz 2 des Gesetzes, betreffend die Ausführung des Reichsgesetzes „über die Abwehr und Unterdrückung von Viehseuchen, vom 12. März „1881 (Gesetz-Samml. S. 128) keine Anwendung.

„§ 135. Gegen die Androhung eines Zwangsmittels seitens der „Kommissarien für die bischöfliche Vermögensverwaltung (Gesetz vom

„13. Februar 1878, Gesetz-Samml. S. 87) findet innerhalb zwei Wochen „die Beschwerde an den Oberpräsidenten und gegen den von dem Ober-„präsidenten auf die Beschwerde erlassenen Bescheid innerhalb gleicher „Frist die Klage bei dem Oberverwaltungsgerichte nach Maßgabe der „Bestimmungen des § 127 Absatz 3 und 4 statt. Gegen die Festsetzung „und Ausführung des Zwangsmittels findet nur die Beschwerde im „Aufsichtswege innerhalb zwei Wochen statt.

1. Während die polizeiliche Verfügungsgewalt sich unmittelbar auf die allgemeine Bestimmung des § 10 II 17 Allgemeinen Landrechts gründet, Inhalts dessen es eine Aufgabe der Polizeibehörde ist, bei Noth und Gefahr im Interesse der Allgemeinheit wie der Einzelnen einzuschreiten, hat sich die Berechtigung derselben zur Anwendung von Zwangsmitteln zunächst auf Gewohnheitsrecht gestützt, welches auf der Ueberzeugung beruhte, daß sich eine Verfügungsberechtigung ohne Mittel zur zwangsweis erfolgenden Durchführung des Angeordneten im Falle des Widerspruches nicht denken lasse. Jetzt ist in § 132 die Frage rechtlich geregelt.

Danach sind der Polizeiverwalter (Amtsvorsteher) sowie die Gemeinde- und Gutsvorsteher berechtigt, die von ihnen in Ausübung der obrigkeitlichen Gewalt getroffenen, durch ihre gesetzlichen d. h. in ihren Machtbereich fallenden Befugnisse gerechtfertigten Anordnungen durch Anwendung von mittelbarem oder unmittelbarem Zwange durchzusetzen. Hierher gehört aber nur die Durchführung von Verfügungen über Einschränkung der privaten Willensfreiheit zum Besten der Allgemeinheit, also nur von solchen auf dem Gebiete der allgemeinen[1]) Landes-Verwaltung, nicht aber die Durchsetzung von Anforderungen an die Privaten in Communal-Angelegenheiten, wie die Eintreibung von Steuern. Es fällt also hierunter nicht nur die Durchführung von polizeilichen Verfügungen, wozu auch die Vorladungen, selbst auf criminalpolizeilichem Gebiete, gehören, sondern auch die von Verfügungen als Ausfluß der Staatsaufsichtsgewalt, aber nicht allgemein die Verfügung von Zwangsmitteln von Vorgesetzten gegen Untergebene. Hierfür sind die Bestimmungen der Disziplinargesetze und das Reskript vom 5. Juli 1866, Min. Bl. 1866 S. 133 (portopflichtige Erinnerung u. s. w.) maßgebend.

Man hat sich stets vorzuhalten, daß die Zwangsmittel nicht Strafen, wie Criminal-, Ordnungs- oder Disziplinarstrafen, sind, sondern daß sie den einzigen Zweck haben, daß der Anforderung Genüge geschehe.

[1]) Hierher gehört z. B. das Schulwesen nicht.

Ein Zwangsrecht in Communalangelegenheiten wird übrigens aus § 34⁵ des Zuständigkeitsgesetzes vom 1. August 1883 geschlossen, wo es heißt, daß Beschwerden, Einsprüche und Klagen in Gemeindeangelegenheiten keine aufschiebende Wirkung haben. (O. V. G. v. 6./11. 1880 Bd. VII S. 140.)

Da es nicht gestattet ist, zwei oder gar drei Zwangsmittel in Aussicht zu stellen, noch vielmehr anzuwenden, so ist es Aufgabe der Behörde, vorher zu prüfen, welches von den drei zu Gebote gestellten Zwangsmitteln im vorliegenden Falle das angemessene, d. h. am schnellsten in einer für den Privaten wie für die Polizei möglichst praktischen Weise zum Ziele führende sei. Dabei ist von vornherein zu berücksichtigen, daß das Gesetz sagt: „Sofern es **thunlich** ist, hat die Behörde die zu erzwingende Handlung durch einen Dritten ausführen zu lassen und (nöthigenfalls) den vorläufig zu bestimmenden Kostenbetrag im Zwangswege von dem Verpflichteten einzuziehen.

Hiernach ist die Behörde gewiesen, in jedem Falle die Thunlichkeit der Anwendung dieses Zwangsmittels zu prüfen; aber sie ist nicht gehalten, dasselbe immer dann anzuwenden, wenn es möglich ist, sondern, wenn nach den oben angeführten Gesichtspunkten im vorliegenden Falle die Ergreifung eines anderen Zwangsmittels praktischer ist, wohl in der Lage, von der Ausführung durch einen Dritten abzusehen. Handelt es sich, zum Beispiel, um Beseitigung eines Verkehrshindernisses, so wird es praktischer sein, dasselbe forträumen zu lassen oder selbst fortzuräumen (denn die Polizei braucht sich keines Dritten zu bedienen, ebensowenig **muß** sie vorläufig den Kostenbetrag bestimmen), statt Exekutivstrafe anzudrohen. Andererseits wird sich letzteres Vorgehen empfehlen, wenn es sich nicht um die Räumung von einzelnen Gräben, sondern von einer ganzen Reihe, in verschiedenen Theilen der Feldmark belegenen handelt. Umgekehrt kann hier wieder die Exekutivstrafe unpraktischer sein, wenn sich die Räumungen durch die einmal bestellten Arbeiter zusammen bequem ausführen lassen.

Schon hieraus ist zu ersehen, wann Exekutivstrafe anzuwenden ist. Das Gesetz nennt noch ausdrücklich denjenigen Fall, in welchem der Verpflichtete bestimmt außer Stande ist, die Kosten der Ausführung zu tragen, und denjenigen der Erzwingung einer Unterlassung.

Besonderer Beachtung werth ist der Fall, daß Gebot oder Verbot der Polizei bereits durch Strafe einer Polizeiverordnung oder eines sonstigen Strafgesetzes Nachdruck erhält; hier ist die Androhung bezw. Festsetzung einer Exekutivstrafe (nicht zu verwechseln mit der Straffestsetzung durch Strafverfügung, sog. Strafmandat) dann nicht zulässig, wenn Polizeiverordnung und polizeiliche Verfügung das ganz genau Gleiche fordern, es kann also niemals Exekutivstrafe angedroht werden, wenn die Uebertretung der Polizeiverordnung noch nicht erfolgt ist. Ist dies aber geschehen, z. B. ist der Zeitpunkt der Grabenräumung, den eine Polizeiverordnung als letzten setzt, verstrichen, so kann der Nichträumende neben der Strafe aus der Verordnung durch Verfügung nach Aufforderung zu neuer Bestrafung gezogen werden, denn es handelt sich um die Uebertretung zweier Vorschriften, wenn auch gleichen Inhalts, aber mit verschiedenen Zeitfristen. cf. Rosin, Pol. V. R. S. 114 ff.

Ebenso kann zur Beseitigung dauernd polizeiwidriger Zustände auch die Exekutivstrafe neben der Strafe aus der Polizeiverordnung angedroht werden. Letztere sühnt z. B. bei polizeiwidrigem Bauen dieses, Erstere soll erzwingen, daß das Gebaute wieder entfernt werde. Ist Gesinde entlaufen, so wird es nach dem Gesetze bestraft, daneben verfällt es der Exekutivstrafe, wenn es auf Anordnung der Polizei den Dienst nicht wieder antritt. In beiden Fällen ist der Anlaß derselbe, die Anforderung von Gesetz und polizeilicher Verfügung aber verschieden.

Die wiederholte Androhung von Strafen ist zulässig, sobald nur die Frist zur Ausführung abgelaufen ist, auch die allgemeine Androhung von solchen für jeden Fall der Uebertretung, nicht aber die Strafandrohung für jeden Tag eines durch einen Willensentschluß dictirten dauernden Ungehorsams, z. B. außerehelichen Zusammenlebens. Haftstrafe darf nur festgesetzt werden, falls Unvermögen vorliegt, im Gegensatze zum sogenannten Strafmandate, in welchem gleich Haftstrafe verfügt werden kann, falls, wie gewöhnlich, das Gesetz dies vorsieht.

Höhere Strafe gestattet z. B. § 130 Gew. O. (Entlaufener Lehrling). Die Androhung der Zwangsmittel muß schriftlich unter Angabe der Frist zur Ausführung der Anordnung erfolgen. Bloße Vorzeigung der Androhung genügt nicht. M. Bl. 1896 S. 42.[1]) Nur im Nothfalle darf von der Anwendung unmittelbaren Zwanges Gebrauch gemacht werden, z. B. falls Exekutivstrafe neben der Polizeiverordnung nicht zulässig ist. Hier kann die Androhung wegfallen, auch die Anordnung selbst kann mit der Ausführung des Zwangsmittels zusammenfallen, z. B. bei der Ziehung eines Grabens zur Wasserabführung. Fälle des unmittelbaren Zwanges sind Zwangssistirung von Personen, welche der Polizei Auskunft ertheilen sollen, und Transportirung aus dem Dienst

---

[1]) Die Zustellung der Schriftstücke erfolgt am Besten durch einen vereidigten öffentlichen Beamten, wie dies für „Strafmandate“ zwingend vorgeschrieben ist. (Ges. v. 23./4. 1883.)

entlaufenen Gesindes, im letzteren Falle geboten, weil die Exekutivstrafe auf die Dienstboten in der Regel nicht wirkt. Die Kosten des Transportes trägt übrigens, falls, wie häufig, das Gesinde sie nicht bezahlen kann, die Polizei, nicht die Herrschaft, weil die Zurückführung im Interesse der öffentlichen Ordnung erfolgt.

Die **Rechtsmittel** gegen die Androhung sind diejenigen, welche gegen die Verfügung selbst zulässig wären, also bei polizeilichen Verfügungen Beschwerde oder Klage, in Wasserräumungs- sowie in Wegebau- und Wegeunterhaltungsangelegenheiten Einspruch mit nachfolgender Klage, sonst Beschwerde wie bei den polizeilichen Verfügungen des Regierungspräsidenten (außer in Chausseebau- und Chausseeunterhaltungs-Sachen Einspruch bei der Chausseebaupolizeibehörde, dem Regierungspräsidenten). Gegen Festsetzung (einschließlich Kostenbestimmung) und Ausführung der Zwangsmittel ist nur die Beschwerde gegeben. Fällt **Anordnung und Ausführung zusammen**, so sind also zwei Rechtsmittel zugelassen.

Eine Festsetzung ist nicht mehr zulässig, sofern der Zweck erreicht oder nicht mehr erreichbar ist, denn es handelt sich nicht um Sühne des Widerstandes, sondern um Durchsetzung der Anforderung.

Die Rechtsmittel haben aufschiebende Wirkung, falls nicht dem Gemeinwesen Nachtheil droht; Haftstrafen dürfen immer nur nach Rechtskraft vollstreckt werden.

2. **Die Sistirung im Besonderen (Gestellungspflicht).** Es muß in dem Rechte, Anordnungen durchzusetzen, auch das Recht einbegriffen sein, Vorermittelungen durch Zwang zu ermöglichen, insbesondere Personen zu ihrer Vernehmung behufs Auskunftsertheilung vorzuladen und bei Weigerung zu gestellen; ja, das Königl. Oberverwaltungsgericht ist in seinem Erkenntniß vom 8. October 1887 (M. Bl. S. 242) sogar soweit gegangen, ein Zeugnißzwangsrecht für die Behörden der allgemeinen Staatsverwaltung in Anspruch zu nehmen. Nach ihm entspricht der **Berechtigung der Polizeibehörden, Auskunft zu verlangen,** die Verpflichtung der ihrer Amtsgewalt unterworfenen Personen, die verlangte Auskunft zu ertheilen, die durch die Exekutivmittel des § 132 L. V. G. erzwungen werden kann. Unter gewöhnlichen Verhältnissen wird es übrigens genügen, wenn den Privaten die Pflicht auferlegt wird, vor den Organen des Staates zur Auskunftsertheilung zu erscheinen und sich durch Zwang, auch unmittelbaren (Sistirung) zum Erscheinen nöthigen lassen zu müssen.

Bestritten war die Frage, ob sich diese Erscheinungspflicht auch auf das Gebiet der gerichtlichen Polizei beziehe.

Das Reichsgericht hat in seinem Urtheile vom 30. September 1880

(Entsch. II S. 282) nicht verkannt, daß der aus §§ 159, 161 der Strafprozeßordnung sich ergebenden reichsgesetzlichen Ermächtigung der Behörden und Beamten des Polizei- und Sicherheitsdienstes, strafbare Handlungen zu erforschen, die Verpflichtung der Privaten entspreche, sich vor diesen zu gestellen. In einem späteren Erkenntniß (Entsch. IX S. 434) hat derselbe Gerichtshof ein Zwangsrecht allerdings nur dann für vorliegend erachtet, wenn landesgesetzlich ein solches ausgesprochen sei. Dagegen läßt sich aber einwenden, daß man der gerichtlichen Polizei nicht um deswillen die Mittel versagen könne, ihre gesetzlich normirten Befugnisse zur Ausführung zu bringen, weil solche Mittel nicht speciell und ausdrücklich im Gesetze bezeichnet sind, denn sonst wäre ihr Recht nur ein papiernes. Der Gesetzgeber hat offenbar die der Berechtigung entsprechende Verpflichtung als selbstverständlich da bestehend angesehen, wo nicht specielle Gesetzesbestimmungen beschränkend einwirken. Dieser Ansicht folgend, haben denn auch die Minister des Innern und der Justiz durch das Rescript vom 21. Mai 1892 (M. Bl. d. J. S. 222) anerkannt, daß es im Interesse des Ansehens der Behörden wie der Strafrechtspflege selbst liege, wenn der Polizei das Recht zur Anwendung der Zwangsmittel aus § 132 auf dem Gebiete auch der gerichtlichen Polizei nicht versagt bliebe. In dieser Verfügung ist immer nur von den Polizei**behörden** „als Organen der Staatsanwaltschaft“ die Rede, während die Verfügung vom 15. September 1879 in Ausführung des § 153 Ger. Verf. G. vom 27. Januar 1877 zu Hülfsbeamten derselben die städtischen Polizeiverwalter, Polizeikommissare, Amts-, Guts- und Gemeindevorsteher beruft. Von diesen sind nicht alle zugleich Behörden, die städtischen Polizeiverwalter decken sich wenigstens mit der Polizeiverwaltung, die Polizeikommissare u. s. w. aber sind jedenfalls nicht zugleich Vorsteher eines selbstständigen Staatsorgans. Diesen Letzteren stehen daher, ohne auf gesetzlicher Grundlage beruhende Ermächtigung[1]) seitens der Behörde, zu welcher sie gehören, Zwangsrechte nicht zu. Während also die Bürgermeister und Amtsvorsteher sich der Befugnisse der Ortspolizeibehörden, die Guts- und Gemeindevorsteher der Rechte der Guts- und Gemeindevorstände als deren Repräsentanten bedienen dürfen, so können die Polizeiinspektoren, Polizeikommissarien u. s. w. von Zwangsmitteln aus eigenem Rechte nicht Gebrauch machen, sondern müssen nöthigenfalls die Behörde um Anwendung von Exekutivmaßregeln angehen. Eine Gestellungspflicht auch vor diesen besteht indeß für die Privaten, soweit die Beamten mit der Strafverfolgung im vorliegenden Falle betraut sind.

[1]) O. V. G. 16./10. 96. Selbstv. 97. S. 104.

Bei Beschwerden auf dem Gebiete der allgemeinen Verwaltung greifen die Rechtsmittel des Landesverwaltungsgesetzes §§ 127 und 133 gegen die polizeilichen Verfügungen und Zwangsbefugnisse Platz; im Ressort der Gerichtspolizei geht die Beschwerde an die Staatsanwaltschaft. O. V. G. 94 und Ministerialreskript vom 9. Mai 1896. V. M. Bl. S. 79.[1]) Ueber den Zeugnißzwang vor Gericht siehe §§ 69, 50 der Strafprozeßordnung, über die Entschädigungspflicht § 70 ebendaselbst.

Die vor die Polizei geladenen Zeugen haben dieselben Ansprüche auf Ersatz von Reisekosten und nöthigenfalls Versäumnißschaden und Zehrungsgeldern wie vor den ordentlichen Gerichten nach Maßgabe der Gebührenordnung vom 30. Juni 1878. Deswegen sollen derartige Kosten, wenn möglich, vermieden und auch nur auf besonderes Verlangen gezahlt werden (V. M. Bl. 1865 S. 282, V. M. Bl. 1850 S. 188, V. M. Bl. 1866 S. 23).

Findet die Untersuchung auf Ersuchen des Gerichts oder der Staats- und Amtsanwälte statt, oder ist dieselbe Theil einer schwebenden gerichtlichen Untersuchung oder Voruntersuchung, so steht der Polizei die Ersatzforderung an die Staatskasse zu. (V. M. Bl. 1866 S. 23.) Gemäß vorstehender Ausführung haben nach den bestehenden Bestimmungen das Recht zur Vorladung Staatsanwalt, Amtsanwalt und die Hülfsbeamten der Staatsanwaltschaft, eine Gestellungspflicht besteht nur vor den Hülfsbeamten, die Befugniß zur Erzwingung dieser Pflicht ist nur den Ortspolizeibehörden, Guts- und Gemeindevorstehern zugesprochen. Bei dieser Rechtslage ist die Regelung der Materie auf gesetzlichem Wege, am Besten für das ganze Reich gleichmäßig, ein dringendes Bedürfniß.

3. Nach einer Entscheidung des Reichsgerichts, Strafsachen Bd. XIII, S. 430 v. 19./3. 1886, sind die Polizeibeamten befugt, Zeugen einer Strafthat behufs Feststellung der Persönlichkeit, wenn dies erforderlich ist, zu sistiren[2]). Wenn die Sicherung des Beweises im Strafprocesse ein Rechtsgut ist, so ist sie dies auch im Civilprocesse. Es muß also auch allgemein zum Schutze berechtigter Interessen im Nothfalle die Polizei um Sistirung angegangen werden können, denn Selbsthülfe steht den Privaten nach § 78 Einl. Allg. Landrechts zu, um unwiederbringlichen Schaden abzuwenden, und aus demselben § ist um-

---

[1]) §§ 78 ff., § 85 Ges. v. 24./4. 1878. Zweifel werden durch Correspondenz zwischen Regierung und Oberstaatsanwaltschaft gelöst. J. M. V. v. 26./5. 96.

[2]) Die Beamten sind verpflichtet, die sofort angebotene Legitimirung von Personen zu prüfen.

gelehrt die Verpflichtung des Staates zu entnehmen, sich in solchem Falle der Privaten anzunehmen, im Zweifelsfalle aber mittels der Polizeigewalt, (s. auch § 76 eb.) Sistirte stehen den Gefangenen gleich (R. Ger. E. v. 1./5. 85, Bd. 12, S. 163.)

4. Die Einziehung von Strafe und Kosten erfolgt im Wege der Zwangsvollstreckung $\frac{\text{Vo. v. 7. Sept. 1879}}{\text{Anw. v. 15. Sept. 1879.}}$ Die Kostenersatzforderung ist öffentlich-rechtlicher Herkunft. (R.G. Bd. XXIII, S. 226, Entsch. in Strafsachen.)

5. Exekution gegen Behörden; Anh. zu Tit. 24, § 45, Allg. Ger. O.

G. Wege- und Wasserpolizei.

Zuständigkeitsgesetz vom 1. August 1883.

I. Wegepolizei.

„§ 55. Die Aufsicht über die öffentlichen Wege und deren Zubehörungen, sowie die Sorge dafür, daß den Bedürfnissen des öffentlichen „Verkehrs in Bezug auf das Wegewesen Genüge geschieht, verbleibt in „dem bisherigen Umfange den für die Wahrnehmung der Wegepolizei zuständigen Behörden. Sind dazu Leistungen erforderlich, so hat die „Wegepolizeibehörde den Pflichtigen zur Erfüllung seiner Verbindlichkeit „binnen einer angemessenen Frist aufzufordern und, wenn die Verbindlichkeit „nicht bestritten wird, erforderlichen Falles mit den gesetzlichen Zwangsmitteln anzuhalten. Auch ist die zuständige Wegepolizeibehörde befugt, „das zur Erhaltung des gefährdeten oder zur Wiederherstellung des „unterbrochenen Verkehrs Nothwendige, auch ohne vorgängige Aufforderung „des Verpflichteten, für Rechnung desselben in Ausführung bringen zu „lassen, wenn dergestalt Gefahr im Verzuge ist, daß die Ausführung „der vorzunehmenden Arbeit durch den Verpflichteten nicht abgewartet „werden kann.

„§ 56. Gegen die Anordnungen der Wegepolizeibehörde, welche den „Bau und die Unterhaltung der öffentlichen Wege oder die Aufbringung „und Vertheilung der dazu erforderlichen Kosten oder die Inanspruchnahme „von Wegen für den öffentlichen Verkehr betreffen, findet als Rechtsmittel „innerhalb zwei Wochen der Einspruch an die Wegepolizeibehörde statt.

„Wird der Einspruch der Vorschrift des ersten Absatzes zuwider innerhalb der gesetzlichen Frist bei denjenigen Behörden erhoben, welche zur „Beschlußfassung oder Entscheidung auf Beschwerden gegen Beschlüsse oder

„Verfügungen der Wegepolizeibehörde zuständig sind, so gilt die Frist als „gewahrt.

„Der Einspruch ist in solchen Fällen von den angerufenen Behörden „an die Wegepolizeibehörde zur Beschlußfassung abzugeben.

„Ueber den Einspruch hat die Wegepolizeibehörde zu beschließen. „Gegen den Beschluß findet die Klage im Verwaltungsstreitverfahren statt. „Dieselbe ist, soweit der in Anspruch Genommene zu der ihm angesonnenen „Leistung aus Gründen des öffentlichen Rechts statt seiner einen anderen „für verpflichtet erachtet, zugleich gegen diesen zu richten. In dem Ver„waltungsstreitverfahren ist entstehenden Falles auch darüber zu ent„scheiden, ob der Weg für einen öffentlichen zu erachten ist.

„Auch im Uebrigen unterliegen Streitigkeiten der Betheiligten darüber, „wem von ihnen die öffentlich-rechtliche Verpflichtung zur Anlegung oder „Unterhaltung eines öffentlichen Weges obliegt, der Entscheidung im Ver„waltungsstreitverfahren.

„Die Klage ist in den Fällen des vierten Absatzes innerhalb zwei „Wochen anzubringen. Die zuständige Behörde kann zur Vervollständigung „der Klage eine angemessene Nachfrist gewähren. Durch den Ablauf dieser „Fristen wird jedoch die Klage im Verwaltungsstreitverfahren auf Erstattung „des Geleisteten gegen einen aus Gründen des öffentlichen Rechts ver„pflichteten Dritten nicht ausgeschlossen.

„Zuständig im Verwaltungsstreitverfahren ist in erster Instanz der „Kreisausschuß, in Stadtkreisen, in Städten mit mehr als 10 000 Ein„wohnern, und, sofern es sich um Chausseeen handelt, oder ein Provinzial„verband, Landeskommunal- oder Kreiskommunalverband als solcher, oder „— in der Provinz Hannover — ein Wegeverband betheiligt ist, oder „wenn die Klage gegen Beschlüsse des Landrathes gerichtet ist, der Bezirks„ausschuß.

„Wird ein Weg im Verwaltungsstreitverfahren für einen öffentlichen „erklärt, so bleibt demjenigen, welcher privatrechtliche Ansprüche auf den „Weg geltend macht, der Antrag auf Entschädigung gegen den Wegebau„verpflichteten im ordentlichen Rechtswege nach Maßgabe des § 4 des „Gesetzes vom 11. Mai 1842 (Gesetz-Sammlung S. 192) vorbehalten.

„§ 57. Ueber Einziehung oder Verlegung öffentlicher Wege beschließt „— vorbehaltlich der in den §§ 58 und 60 für die Provinzen Schleswig„Holstein und Hannover im Anschluß an die dortige Wegegesetzgebung „getroffenen besonderen Bestimmungen — die Wegepolizeibehörde, nachdem „das Vorhaben mit der Aufforderung, Einsprüche binnen vier Wochen zur „Vermeidung des Ausschlusses geltend zu machen, in ortsüblicher Weise, „sowie durch das Kreisblatt und das Amtsblatt veröffentlicht worden ist. „Gegen den Beschluß der Wegepolizeibehörde steht den mit dem Einspruche

„Zurückgewiesenen innerhalb zwei Wochen die Klage bei dem Kreisaus-„schusse, beziehungsweise dem Bezirksausschusse nach Maßgabe der Vorschrift „in § 56 Absatz 7 zu.

„Wird die beantragte Verlegung oder Einziehung eines öffentlichen „Weges von der Wegepolizeibehörde von vornherein oder nach dem Ein-„spruchs- (Ausschließungs-) Verfahren abgelehnt, so ist dem Antragsteller „nur das Anrufen der Aufsichtsbehörde gestattet. Der Artikel IV des „Gesetzes, betreffend die Abänderung von Bestimmungen der Kreisordnung „für die Provinzen Preußen, Brandenburg, Pommern, Posen, Schlesien „und Sachsen vom 13. Dezember 1872 und die Ergänzung derselben, „vom 19. März 1881 (Gesetz-Sammlung S. 155) wird aufgehoben.

1. Oeffentliche Wege im Sinne des Zuständigkeitsgesetzes sind außer den Chausseeen (Kunststraßen) chausseemäßig hergestellte, gepflasterte und ungepflasterte Fahrstraßen, Reit- und Fußwege, welche im Gegensatze zu den Privatwegen, die nur bestimmten Personengruppen dienen (Interessentenwege), zum Gebrauche Jedermanns bestimmt sind. Diese Widmung braucht keine ausdrückliche zu sein, aber daß die Betheiligten, als Wegepolizeibehörde, Wegebaupflichtiger, der etwaige Privateigenthümer des den Weg tragenden Grundes über die Benutzung desselben durch Jedermann einverstanden sind, muß erkennbar sein. (Siehe Ob. Verw. Ger. E. v. 27 Febr. 1895 Bd. 27 S. 399.)[1]) Sperrt also Jemand einen Weg oder nimmt er Wegegeld, so kann die Oeffentlichkeit desselben nicht erwiesen werden, wenn nicht alsbald die Wegepolizeibehörde aus eigenem Antriebe oder die Interessirten im Nothfalle durch diese Behörde die Beseitigung der Sperrung bezw. Entschädigungszahlung bewirken. Welchem Gebrauche in Hinsicht auf den Zweck und die Benutzungsweise der Weg dient, ist gleichgültig, wenn zu dem bestimmten Zwecke oder der bestimmten Benutzungsweise Jedermann ihn betreten darf. Man denke an Schulwege, Fußwege. Ueber Eisenbahnzufuhrwege und „offene" Wege s. unten. Ebensowenig besteht ein Unterschied zwischen Stadt und Land. Ein öffentlicher Weg kann im Privateigenthum stehen, er kann aber nicht Kraft desselben dem allgemeinen Gebrauche entzogen werden. (Streit um das Eigenthum an „Wegetheilen": Rechtsweg, Gruch. Bd. 33 S. 1150.) Daß ein Weg im Eigenthum der Gemeinde steht, beweist noch nicht seine Oeffentlichkeit. Will die Wegepolizei im Streitfalle über Rechte am Wege einen solchen als öffentlichen in Anspruch nehmen, so hat sie, sofern nicht Urkundenbeweis durch ausdrückliche Bestimmung eines

[1]) Daß ein Weg nicht wie ein öffentlicher ausgebaut ist, beweist nicht gerade seine Nichtöffentlichkeit, dagegen ist Ausübung der Baupflicht und des Wegeschutzes Merkmal für die Oeffentlichkeit.

für die Belegenheitsgemeinde gültigen Separationsrecesses[1]) vorliegt, zu beweisen, daß der Weg nicht nur schon thatsächlich — ob nothwendigerweise oder nicht — wie ein öffentlicher benutzt wird, sondern auch daß er ohne berechtigten Widerspruch der Betheiligten eben dem allgemeinen Gebrauche gewidmet ist. Ebenso liegt der Fall, wenn es sich nur um einen Wegetheil handelt. Behauptet Jemand unbeschränktes Eigenthum oder Nutzungsrecht an einem sonst öffentlich erscheinenden Wegezuge zu haben, so ist er beweispflichtig. Der Wegebaupflichtige muß zu diesem Streite hinzugezogen werden.

Will die Polizei das Werden eines öffentlichen Weges erst herbeiführen, weil sich dafür ein öffentliches Bedürfniß geltend macht, so muß sie sich mittels wegepolizeilicher Verfügung an denjenigen halten, welcher nach öffentlichem Recht die Pflicht zum Wegebau hat. (S. Anm. 2) Dieser muß nöthigenfalls zwangsweis im Wege der Enteignung von dem Privateigenthümer das Recht erwerben, über denselben den öffentlichen Verkehr zu leiten, wo nicht etwa das Baurecht besondere Bestimmungen trifft. Der Boden ist dann mit einer öffentlich-rechtlichen Servitut belastet. (R. Ger. E. v. 18./4. 94 Selbstv. S. 666.) Grundgerechtigkeiten, abgesehen von dem auch den Miethern zustehenden, durch das bis zum Conflicte gleichberechtigte Bedürfniß des Straßenverkehres selbst und die Verfügungsgewalt des Eigenthümers beschränkten, gesetzlich oder durch stillschweigend geschlossenen Vertrag entstandenen servitutarischen Rechte aller adjacirenden Hauseigenthümer zur Benutzung der öffentlichen Straße für Licht- und Luftzufuhr und für den Verkehr von Personen und Gütern nach ihren Grundstücken, insbesondere Wohnungen (s. ob. b. Art. 9 No. 12) können an öffentlichen Wegen entweder vermöge Genehmigung der zu ihrem Schutze und Wahrung ihres Bestandes berufenen Wegepolizeibehörde, des Wegebaupflichtigen und des eventuellen Privateigenthümers z. B. Benutzung eines Wegetheiles als Lagerungsplatz oder Verkaufsstand, bestehen oder vermöge Erwerbes in der Zeit vor der Oeffentlichkeit der Straße. In dieser Beziehung ist auch Verjährung von Einfluß. Vergleiche die Reichsgerichts-Entsch. v. 28 III. 1896 JM. Bl. 97 S. 29, wonach der Hausbesitzer sich ohne Entschädigung alle Veränderungen gefallen lassen muß, welche die bestimmungsgemäße Einrichtung und Erhaltung der Straße bezwecken. Siehe auch § 81 I 8 A. L. R. u. den Aufsatz von Loebel in Rassow-Küntzel 1897 S. 1 ff. „Rechte der Anlieger an städtischen Straßen."

---

[1]) Die Katasterbezeichnung ist von gar keiner Bedeutung hierfür, desgl. Karten.

Steht der Körper eines öffentlichen Weges im Privateigenthum, so bleibt die Nutzung an sich dem Eigenthümer des Wegekörpers. Bei Streit über die Oeffentlichkeit ist der Wegebaupflichtige beizuladen.

2. Wegebaulast. In einigen Arten von Processen, zumal in Wege- und Wasserbausachen kommt es für die Zuständigkeit der Verwaltungs- oder der ordentlichen Gerichte bei endgültigen, nicht zwischendurch erfolgenden Entscheidungen auf die Qualität des Titels, aus welchem der Anspruch hergeleitet wird, an. Es ist nämlich die Entscheidung über etwaige aus dem öffentlichen Rechte herrührende Rechtstitel der Verwaltungsinstanz übertragen und nur über rein privatrechtliche Rechtstitel den Civil-Gerichten vorbehalten. (Erk. Comp. Ger. v. 14. April 1883.) Es kommt nämlich in Frage, wenn zur Begründung eines Anspruches öffentliches und privates Recht zusammen angezogen wird, welchen Character der Titel in diesem Falle besitze. Hier ist die Regel, daß ausschlaggebend ist die Norm, welche logisch in der Begründung die letzte Stelle einnimmt. Ist diese privatrechtlicher Natur z. B. nützliche Verwendung, so ist das Civilgericht zuständig, denn der Kreis der Privatrechte umfaßt auch diejenigen, welche im öffentlichen Rechte begründet sind, vermögensrechtliche insbesondere; es müßte denn durch positive Gesetzesvorschrift ausnahmsweis die Zuständigkeit der Verwaltungsinstanzen begründet sein; dies ist bei den Privatrechtsansprüchen der Fall, welche in § 127 Abs. 4 L. V. G. u. §§ 56 u. 66 Zust. Ges. aufgeführt sind, falls sie in öffentlichrechtl. Verhältnissen begründet sind. (Befreiung von polizeilicher Auflage; Wege- und Wasserbaustreitigkeiten, auch ohne Voraufgang einer polizeilichen Verfügung.) —

Die Frage, wer nach öffentlichem Rechte der Wegebaupflichtige sei, ist nicht einfach zu beantworten. Derjenige, der einen Weg angelegt hat, hat deswegen nicht die öffentliche Unterhaltungslast. O. V. G. 6/5. 96 Bd. 30 S. 212. Im Allgemeinen gilt die Regel, daß die Fürsorge für die öffentlichen Wege eine Pflicht der Gemeinde sei, sofern nicht der Staat oder Kreis oder die Provinz die Last trägt. Im Gutsbezirk trägt die Last die Gutsherrschaft. Wenn die Verpflichtung der Gemeinde zwar die Regel ist, so ist sie doch immerhin nur eine subsidiäre; denn specielle Titel, welche die Verbundenheit für Andere aussprechen, gehen ihr vor. Diese braucht die Polizei nicht zu kennen, wenigstens nicht immer. Wenn sie daher die Commune oder einen Anderen als Pflichtigen in Anspruch nimmt, so muß dieser Denjenigen benennen, den er statt seiner für pflichtig hält. Nehmen wir z. B. die Wegeordnung für Sachsen vom 11. Juli 1891 an, der voraussichtlich mehr oder weniger ähnliche für die anderen Provinzen folgen werden: Hier stehen der Commune vor: 1. der Hebeberechtigte, 2. die sonst durch specielle lokale Vorschrift (die von der Rechtsregel abweicht) oder durch besondere, individuelle Rechtstitel Verpflichteten. (§ 24, § 42 a. a. O.) Die durch Gewohnheit [1]), Observanz, (allgemeine Ordnung) bisher verpflichtet Gewesenen befreit die Wegeordnung. Diese Ausdrücke bedürfen näherer Betrachtung. Die Wissenschaft (Rehbein, Entscheidungen des Obertribunals Bd. I S. 27 ff.) unterscheidet Observanz und zweierlei Art „Herkommen.“

In der Regel bildet sich Gewohnheitsrecht localer Natur, „Observanz“, sei es auf dem Gebiete des öffentlichen, wie des Privatrechtes, in einem corporativen Verbande selbst ganz localen Characters (Observanz im engeren Sinne). Es ist aber nicht nothwendig, daß ein Rechtsband vorhanden ist, sondern es genügt auch eine Gemeinsamkeit thatsächlicher Verhältnisse in einem kleineren Kreise [2]); immerhin muß aber sich ein wenn auch thatsächliches Band um eine Mehrheit schlingen, die alles gleichartig Regelbare umfassen will („Herkommen“ objectiver Natur). Durch die Eigenschaft als eines objectiven Rechtes, aus dem erst subjective Rechte hervorgehen, unterscheidet sich die Gewohnheit von dem vertraglichen „Herkommen“ subjectiver Natur, welches direct und lediglich ein besonderer d. h. individueller Rechtstitel ist. Wo der Verband, der Interessentenkreis, die Alles umfassende, allgemeine objective Gewohnheit nicht festzustellen ist, da ist aus der langen Uebung nur zu erkennen, daß einzelne Rechtssubjecte vertraglich, wenn auch stillschweigend, über die Ausübung von bestehenden Rechten und Pflichten übereingekommen sind. Zwischen solchen einzelnen bestimmten Rechtssubjecten bildet sich eben nicht objectives, sondern lediglich subjectives Recht. [3]) Es könnte allerdings bei Vorhandensein eines Verbandes sich auch dann die Bildung einer Observanz zwischen einzelnen Rechtssubjecten denken lassen, wenn diese zugleich alle Subjecte sind, die das Verhältniß angehen könnte, wenn also die Allheit zufällig in eine kleine Minderheit fiele. Noch weitergehend: O. V. G. E. v. 2./6. 1896 Bd. 30 S. 299. Solche Fälle werden stets schwierig zu lösen sein. Von Bedeutung wird die Frage, ob objectives oder lediglich subjectives Recht vorliegt, dadurch, daß die sächsische Wegeordnung v. 11./7. 91 nicht nur alle Observanzen über die Wegebaulast aufhebt, sondern auch für Receßverlautbarungen die Rechtsvermuthung ausspricht, daß sie nur Observanzen confirmiren,

[1]) Im Gewohnheitsrechte setzt sich das Volk ohne die staatl. Organe direct selbst Recht, allerdings unter staatlicher Genehmigung.

[2]) O. V. G. XII S. 261, 273 ff. u. v. 18. 12. 95 Selbstv. 96 S. 357.

[3]) Reichsger. E. v. 8./4. 84 Bd. 11 S. 212 und v. 6./7. 94 Bd. 33 S. 198.

nicht subjective Rechte haben feststellen wollen. Es wäre aber falsch, daraus allein, daß ein früheres abweichendes Rechtsverhältniß sich nicht erkennen läßt, auf Bestehen einer allgemeinen Gewohnheit zu schließen; immer muß gefragt werden, ob sich eine solche überhaupt habe bilden können, oder ob nicht ein lediglich individueller Rechtstitel vorliege. Verkennung einer Observanz als objectiven Rechtes ist Revisionsgrund. Wer aus dem besonderen Rechtstitel Recht herleiten will, hat den Beweis für Bestehen desselben anzutreten. Uebrigens erlangen die Receßbestimmungen privatrechtlicher Natur durch die staatliche Bestätigung der Polizei gegenüber öffentlich-rechtliche Wirksamkeit, sodaß diese den hiernach Pflichtigen zu Leistungen in Anspruch nehmen kann und der Proceß im Verwaltungsstreitverfahren auszutragen ist. O. V. G. Bd. 28 S. 229, 234. Ob dies auch unter den Betheiligten der Fall ist, erscheint nach R. Ger. E. v. 1./10. 87, J. M. Bl. 88 S. 156 fraglich. Hiernach behält für die Betheiligten unter sich der Privatrechtstitel seinen Character, sodaß der Streit im ordentlichen Rechtswege ausgefochten werden muß. Dasselbe gilt, wenn die Communalaufsichts- und die höhere oder niedere Polizeibehörde einen Vertrag genehmigen. Observanz hat mit Verjährung eigentlich nichts zu thun. Verjährung schafft subjectives Recht und ist eine nur privatrechtliche Institution. Gewohnheitsrecht ist dagegen von objectivem Character. Es ist ein ungeschriebenes Gesetz und beruht auf der Ueberzeugung, daß die rechtliche Nothwendigkeit einer gemeinsamen Uebung aus den thatsächlichen Verhältnissen sich ergebe. Zwang und bestehen gebliebener Irrthum verhindern seine Bildung. Hier ist ein anderer früherer Rechtszustand nicht bekannt. Verjährung dagegen ändert Rechte. — Durch Verjährung kann auch ein subjectives Recht der Gemeinde entstehen z. B. Recht, von einem Grundstücke Kies zu entnehmen, welches unmittelbar von den Gemeindeinsassen ausgeübt wird (Gemeindeservitut). R. G. E. v. 6./7. 94 Bd. 33 S. 198. Verjährung ändert öffentlich-rechtliche Verhältnisse nur in den Ausnahmefällen, wenn sie zwischen der Polizei und dem Inanspruchgenommenen Recht macht.[1]) Ueber desuetudo nach gemeinem Recht s. R. G. Bd. 37 S. 180.

Streitet der privatrechtlich Verpflichtete nicht, so kann sich die Behörde aus practischen Gründen auch an ihn halten. Derjenige, der einen Weg zerstört, sei es nun in strafbarer Weise oder durch Schaffung

---

[1]) S. R. G. v. 26./5. 1886, Rassow Bd. 32 S. 945. Oeffentliche Wege stehen extra commercium; durch Verjährung können daher Rechte an ihnen nicht erworben werden. O. V. G. XVIII S. 239. S. zu § 57.

einer dem Zwecke des Weges fremden Anlage, z. B. eines Wiesenentwässerungsgrabens, kann von der Polizei mittels allgemeiner pol. Verfügung (§ 127 L. V. G., Bd. XX, S. 308) herangezogen werden. Ist die Veränderung eine dauernde, so entfällt diese Möglichkeit in der Regel, z. B. bei Unterhaltung der durch den Graben nothwendig gewordenen Brücke (Entschädigung des normal Baupflichtigen, §§ 6, 10 W. O.) § 109 I 8 Allg. Landr. ist für sich allein privatrechtlicher Titel. Erk. Ob. V. G. v. 7. Nov. 1893, Entsch. Bd. XXIV, S. 217, Bd. XXV, S. 221. Das Zuständigkeitsgesetz schafft noch scheinbar einen formellen Wegebautitel, indem es dem polizeilich in Anspruch Genommenen zur Pflicht macht, den statt seiner nach öffentlichem Rechte Pflichtigen zu benennen, widrigenfalls er selbst verhaftet bleibt. Das ist aber natürlich dann nicht durchgreifend, a) wenn der in Anspruch Genommene nachweist, daß er selbst garnicht nach öffentlichem Rechte verpflichtet ist, daß z. B. der Weg infolge Separation in einer anderen Commune liege, und, b) wenn ein nach öffentlichem Rechte Verpflichteter garnicht vorhanden ist, z. B. das Terrain ausnahmsweise noch Communalfreiheit besitzt. In letzterem Falle sind die Kosten solche der Polizeiverwaltung und fallen dem hiernach Pflichtigen zur Last. Daß der nach öffentlichem Rechte Wege- bezw. Brückenzoll Erhebende in erster Linie herangezogen werden soll, hat darin seinen Grund, daß er für die Unterhaltung in dem Zoll ein Aequivalent erhält. Von der Verpflichtung kann sich der Zollerhebende nicht von selbst dadurch befreien, daß er den Zoll — selbst über die Verjährungsfrist hinaus — nicht erhebt. Vielmehr ist zu prüfen, auf welchem Rechtsgrunde die Wegezollerhebung basirt ist. Solche kann nur mit staatlicher Genehmigung begründet und auch nur mit solcher aufgehoben werden. Der Tarif bedarf der Feststellung durch den Regierungspräsidenten im Einverständnisse mit dem Provinzialsteuerdirector. (B. Min. Bl. 1883, S. 2 und 140.) Denkbar wäre es, daß die Berechtigung ausnahmsweis mit der Befreiung von der Unterhaltungslast verliehen wäre. Mit dem Substrat (z. B. Eingang der Brücke) fällt die (Brücken-) Zollberechtigung fort. Tritt an Stelle des Weges ein wesentlich anderer, so gilt ebenfalls das Substrat für fortgefallen. Siehe Germershausen S. 276 ff. in Bd. I des Wegerechts. § 138 II 15 Allg. Landrecht (Beziehung auf Communen?) Brücken bezw. Appareillen nach den dem Wege anliegenden Grundstücken zu bauen und zu unterhalten, ist, wo nicht eine besondere Bestimmung darüber besteht, nach öffentlichem Rechte nicht Sache des Wegebaupflichtigen, kann aber privatrechtlich seine Pflicht sein. (O. V. G. Bd. XX, S. 236.) Appareillen und dergl. sind nicht des Weges wegen da. Germ. Bd. I, S. 54.

In der Provinz Sachsen unterstehen indeß diese in wegepolizeilicher Hinsicht der Wegepolizeibehörde. (§ 7 W. O.) Brücken und Durchlässe im Wegezuge über nicht schiffbare Flüsse gehören in Sachsen der Regel nach zum Wege. (§§ 6, 10 W. O.)[1]) Anfahrtsrampen zu Brücken über schiffbare Flüsse sind Theile des Weges. Pr. Verw. Bl. X S. 49 S. Allg. Landr. II. 15 §§ 53, 54. Eine öffentliche Straße kann im Privateigenthum stehen. Verpflichtungen betreffs der Unterhaltung, Beleuchtung und polizeimäßigen Reinigung (d. h. Säuberung von allem Unduldbaren) ergeben sich aber ohne Weiteres für den Eigenthümer nicht. Beleuchtung und polizeimäßige Reinigung gehören auch nicht zur Wegebaulast, sind vielmehr Lasten der Polizeiverwaltung, wo nicht observanzmäßig Pflichtige vorhanden sind. Ueber die Schneeräumung auf Chausseen außerhalb der Orte s. K. O. v. 8./3. 1832 G. S. S. 119. Die städtischen Bürgersteige dienen nicht nur dem Straßenverkehre, sondern auch dem Zugangsverkehre zu den Häusern; sie gehören zur Straße; ist die letztere Chaussee, so liegt den Wegebaupflichtigen die Unterhaltung des Steiges in den Städten und, wo vorhanden, auch in Dörfern, dennoch nicht ob. Betr. Bahnpolizei s. O. V. G. Bd. IX S. 238 und Bd. XXIII S. 369. Die Böschungen und Entwässerungsgräben für die Wege gehören zu diesen. Betr. Fähren und Brücken über öffentliche Ströme S. O. V. G. XXII S. 179, 189, XX S. 288. Wo ausdrückliche Bestimmungen über die dem Pflichtigen obliegenden Leistungen für den Wegebau fehlen, muß im Einzelfalle die Anordnung der Wegepolizeibehörde durch die wechselnden jeweiligen Ansprüche des öffentlichen Verkehrs begründet sein. Der öffentlich-rechtlich Wegebaupflichtige ist in erster Linie verbunden, den Weg und den Verkehr auf demselben zu schützen, auch wenn die Gefahr durch Grundstücke eines Anderen und elementare Vorgänge mit denselben hervorgerufen wird, falls nämlich nur durch den Umstand, daß der Weg bezw. der Verkehr an dem Grundstücke vorübergeht, die Fährlichkeit hervorgerufen wird. O. V. G. 16./12. 92 Bd. XXIV S. 194. 28./10. 96 Bd. XXX S. 214.

Character der Wegeunterhaltungsverpflichtung: Nach den Bestimmungen des § 12 Eigenthumserwerbsgesetzes vom 5. Mai 1872 (G. S. S. 433) und § 11 der Grundbuchordnung (für später s. d. Bürgerl. Gesetzbuch und Ges. v. 24./3. 97. R. G. Bl. S. 139) erlangen dingliche Rechte an Grundstücken, welche auf einem privat-

[1]) Die Unterhaltung vorhandener Brücken über öffentliche Flüsse im Interesse des Verkehrs ist lokalpolizeilich zu regeln. O. V. G. XXI S. 234.

rechtlichen Titel beruhen, abgesehen unter Anderen von den aus Privatwillkür hervorgehenden Grundgerechtigkeiten, welche in einem Dulden bezw. Unterlassen bestehen, und den im öffentlichen oder im nachbarlichen Interesse geschaffenen Legalservituten gegen Dritte nur durch Eintragung in Abth. II des Grundbuchs Wirksamkeit. Diese dauernden Lasten und wiederkehrenden Geld- und Naturalleistungen (privatrechtlichen Reallasten) werden durch das Grundbuch Jedem erkennbar gemacht. Sie sind im Gegensatze zu den Servituten ausschließlich Verpflichtungen zu positivem Leisten. Sie sind nicht zu vermengen mit den Lasten öffentlichen Rechts, welche auf den für alle Interessenten bindende Kraft habenden, Allen bekannten Verfassungsbestimmungen eines größeren oder kleineren politischen Bezirks beruhen, und an corporative Verbände resp. deren Beamte zu leisten sind. Von diesen „gemeinen d. h. allgemeinen Lasten" in genanntem Sinne sind zu unterscheiden Lasten, welche die Gemeinde selbst trägt, wie die Wege-Unterhaltungslast öffentlich-rechtlicher Natur. (Ortstheile, welche aus dem Communalverbande ausscheiden, werden von solchen Lasten an sich frei.) Die Wegebaulast des Besitzers eines Rittergutes (selbstständigen Gutsbezirks) ist keine objectiv-dingliche Last, welche jedem Eigenthümer des Bodens obläge und ohne Weiteres auf den Erwerber des Grundeigenthums oder von Theilen desselben überginge. Träger der mit communalrechtlichem Character versehenen Baulast ist auch nicht der Gutsbezirk, so daß alle Insassen an ihr participirten, sondern die Gutsherrschaft als Träger der Gutsherrlichkeit. Wenn auch die mit dem Begriffe des selbstständigen Gutsbezirks verbundenen Pflichten nicht wie eine Reallast auf dem Boden haften, so sind sie doch mit Rücksicht auf den Grundbesitz zu leisten. Cf. § 2 Ansiedelungsgesetz vom 25. August 1876, wo unterschieden wird zwischen Lasten, welche auf dem Grundbesitz haften, und solchen Leistungen, welche mit Rücksicht auf Grundbesitz zu entrichten sind. Der privatrechtliche Singularsuccessor in das Rittergut tritt ohne Weiteres in die mit der Gutsherrlichkeit verbundenen Pflichten ein. (O. V. G. vom 30./1. 95. Bd. 27. S. 202.) Die Gemeinde kann die ihr durch die Wegebaulast entstehenden Kosten unter Berücksichtigung ihrer besonderen Verhältnisse umlegen, sei es im Wege der allgemeinen Besteuerung, sei es im Wege der Auferlegung von Zwecksteuern unter specieller Belastung hervorragend interessirter Personen oder Grundstücke, eventuell auch durch Heranziehung der bauenden Grundbesitzer mit Anliegerbeiträgen nach Maßgabe des § 15 Ges. v. 2. Juli 1875. Siehe Kommunalabgabengesetz vom 14. Juli 1893. §§ 9, 20, 55 ff. (Beitragserhebung, specielle Steuerbelastung, stärkere Heranziehung der Realsteuern.) Die Vertheilung der Last innerhalb der Gemeinde nach örtlich begrenzten Wegestrecken ist nach § 19 der sächsischen Wegeordnung unzulässig. (O. V. G. Bd. XXVIII. S. 78.) Die Ableistung der Wegebaulast in natura ist nicht ausgeschlossen. (§ 68 Kommunalabgabengesetz.) Ueber statutarische Regelung und Kostenumlegung s. O. V. G. v. 22./1. 96. Selbstv. S. 649.

3. **Wegepolizeiliche Verfügung.** Da es sich in Wege- wie in Wasserbau- und Unterhaltungsangelegenheiten im Wesentlichen um Ermessensfragen handelt, so ist im Gegensatze zum Verfahren bei Angriff gewöhnlicher polizeilicher Verfügungen die **Prüfung der Nothwendigkeit und Zweckmäßigkeit** (Billigkeit, Angemessenheit) der Anordnungen der Wegepolizeibehörde durch den Verwaltungsrichter nicht verwehrt (O. V. G. IX S. 231). Daher kann auch die Entscheidung die wegepolizeiliche Anordnung hier modificiren. Weil dergleichen Fragen wie auch die nach der Widmung eines Weges für den öffentlichen Verkehr in rechtlicher und thatsächlicher Beziehung nicht einfacher Natur zu sein pflegen, so ist ein besonderes Einspruchsverfahren mit darauf folgender Klage vorgeschrieben, damit die anordnende Instanz noch einmal nach Rügung ihres Vorgehens in die Lage kommt, die ihrerseits erfolgte Beurtheilung der Verhältnisse, welche ihr als Lokalinstanz auch am Genauesten bekannt zu sein pflegen, einer nochmaligen Prüfung auf ihr Berechtigtsein zu unterziehen. Wo es sich um Wegebau und Unterhaltung bezw. die Kosten dafür handelt, liegt eine wegepolizeiliche Verfügung mit Einspruchsverfahren aber nur dann vor (§ 56[1]), wenn die Anordnung an den nach öffentlichem Rechte normal (dauernd) Wegebaupflichtigen gerichtet ist. (S. analog O. V. G. XX S. 309.) Handelt es sich zum Beispiel um Beseitigung eines nicht auf natürlichem Wege sondern ungesetzlicher Weise entstandenen Verkehrshindernisses durch den nicht wegebaupflichtigen Veranstalter desselben, welcher nicht „Betheiligter" im Sinne des § 56 ist (O. V. G. v. 18./6. 96), so liegt eine gewöhnliche polizeiliche Verfügung mit gewöhnlichem Verfahren vor (O. V. G. Bd. XXVIII S. 275). Die Prüfung der Nothwendigkeit rc. ist hier dem Verwaltungsrichter verboten. Er hat nur die Gesetzmäßigkeit zu prüfen, d. h. ob der Polizeiverwalter auf zuständigem Gebiete geblieben war und kann nur aufheben, wo offensichtlich bewußte Willkür oder Chikane seitens der Behörde vorliegt. Sowohl die „Inanspruchnahme" eines Weges als öffentlichen, weil er bereits zu solchem bestimmt **ist**, als auch die Beanspruchung eines Weges, weil ein solcher für den öffentlichen Verkehr **nöthig** geworden ist, sind „wegepolizeiliche" Anordnungen, im letzteren Falle aber nur dann, wenn wegen desselben der normal Wegebaupflichtige in Anspruch genommen wird. Dieser muß nöthigenfalls im Wege der

Enteignung das Terrain erwerben (O. V. G. X 209). Handelt es sich um Anhaltung des Eigenthümers eines Privatweges als solchen zur Unterhaltung im Interesse der Sicherheit, so liegt nur gewöhnliche polizeiliche Verfügung vor, wie bei nicht baulichen, sondern rein verkehrspolizeilichen Anordnungen betreffs öffentlicher Wege.

4. Behörden. Chausseebaupolizeibehörde ist der Regierungspräsident, Chausseeverkehrspolizeibehörde der Landrath. § 3² Regierungsinstruction v. 1817 O. V. G. XI. S. 205. (Chausseepolizeicontraventionen werden bestraft auf dem Lande vom Landrath, in der Stadt[1]) von der Polizeiverwaltung. Reg. vom 7. Juni 1844 §§ 10, 21 Ges. S. S. 167.) Bei Inanspruchnahme von Chausseetheilen für den öffentlichen Verkehr steht die Verfügung dem Landrathe zu. Sonst fällt die Wegepolizeibehörde der Regel nach mit der Ortspolizeibehörde in Stadt und Land zusammen, Polizeiverwaltung — Amtsvorsteher (S. § 59 Kreisordnung.)

5. Einspruch und Klage. Der Beschluß auf den Einspruch ist ein Act der Rechtsprechung; als solcher darf er von der vorgesetzten Behörde materiell nicht beeinflußt werden. Die Polizei hat vielmehr nach ihrem eigenen Ermessen zu befinden. Sie hat dem Beschlusse eine Prüfung des Einspruches vorangehen zu lassen und muß den Beschluß rechtlich und thatsächlich so begründen, daß der Kläger denselben im Verwaltungsstreitverfahren anzugreifen vermag. Der unangefochtene Einspruch und die unangefochtene Entscheidung im Streitverfahren sind nur insofern als rechtskräftig anzusehen, als es sich um den einzelnen Baufall handelt. O. V. G. XXIII, S. 163. Es können auch bei rechtskräftiger Verurtheilung noch Processe wegen Tragung der Bau- pp. Kosten und auf Anerkennung aber nicht auf Erfüllung der Wegebaupflicht durch einen Anderen angestellt werden. Das Gesetz kennt also neben der Leistungsklage auch die Erstattungs-[2]) und die positive wie negative Feststellungsklage. Wie aber die Polizei ihren Eingriff nur durch ein gegenwärtiges polizeiliches Interesse rechtfertigen kann, so ist auch die Feststellungsklage gemäß § 231 Civilproceßordnung daran gebunden, einmal, daß ein objectiv erkennbares rechtliches Interesse überhaupt und ferner auch ein solches an der alsbaldigen Feststellung des Rechtsverhältnisses vorhanden sind. Bei der Erstattungsklage liegt das actuelle Interesse immer vor. Voraussetzung ist immer, daß es sich um Verhältnisse öffentlichen Rechtes handelt, aus denen der

[1]) cf. M. R. v. 29./1. 1858 S. 60, dagegen allerdings M. R. v. 13./12. 1859 S. 336.

[2]) Auch im Falle des Abs. 5 (R. G. E. v. 8./11. 1890, Bd. 27, S. 200).

Anspruch hervorgeht. Der Anspruch selbst als vermögensrechtlicher bleibt ein privatrechtlicher, denn der Kreis der Privatrechte deckt sich mit dem Kreise der aus privatrechtlichen Verhältnissen hervorgehenden Rechte nicht. R. G. E. Bd. XXII S. 287 u. v. 8. 2. 1890 V. M. Bl. S. 83. Ist der vermögensrechtliche Anspruch z. B wegen Benutzung eines Weges im Interesse eines Einzelnen in privatrechtlichen Verhältnissen begründet, so gehört der Proceß vor die ordentlichen Gerichte. Hierher ist auch die Entschädigungsklage gemäß Abs. 8 des § 56 für die Beschränkung des Privateigenthums durch Feststellung der Belastung eines Weges mit der öffentlichrechtlichen Servitut seines Dienstes für den öffentlichen Verkehr zu richten. (§ 4 Ges. v. 11. Mai 1842.) Der den Weg verletzende Nichtwegebaupflichtige ist nicht „Betheiligter". O. V G. 18/6. 96. Selbstv. Nr. 53. Eine förmliche Beschwerde ist gegen Anordnungen der Wegepolizeibehörde, wie sie gegen gewöhnliche Polizeiverfügungen zulässig ist, nicht gegeben. Die Aufsichtsbeschwerde kann auch nur dann von Erfolg sein, wenn die wegepolizeiliche Anordnung das öffentliche Interesse verletzt oder mitverletzt, oder wenn die Polizei unrechtmäßiger Weise gebotene Anordnungen nicht trifft. Ist gleich Klage erhoben, so ist dieselbe als Einspruch von der Wegepolizeibehörde zur Erledigung zu bringen, sofern Form und Inhalt dies zuläßt. Der Schutz des Bestandes der öffentlichen Wege liegt der Wegepolizeibehörde allein ob; es kann also nicht unter den Parteien allein ein Verwaltungsstreitverfahren über die Oeffentlichkeit eines Weges ausgefochten werden. (§ 56 Abs. 4.) Ueber Beiladung Dritter als Quasi-Parteien s. § 70 L. V. G., über die Mitverklagung Dritter s. O. V. G. Bd. IX S. 251 und § 74 L. V. G. An die Beigeladenen wird kein Anspruch gerichtet, die Entscheidung gilt aber auch für sie. Das Urtheil kann die Verfügung hier durch Aenderung des Beschlusses modificiren. cf. Anm. 6 zu § 127 L. V. G.

6. Die Anbringung des Einspruchs erfolgt bei der Polizeibehörde, diejenige der Klage beim Verwaltungsgerichte. Die Regel, daß die Rechtsmittel bei polizeilichen Verfügungen bei der Polizei anzubringen sind, entfällt bei wege- und wasserpolizeilichen Anordnungen, weil hier Mangels Auswahl unter Rechtsmitteln keine Controle über die Einlegung mehrerer zu führen ist. Das Verwaltungsgericht hat natürlich die polizeilichen Vorgänge einzufordern, sofern nicht die Sach- und Rechtslage sofort klar erhellt. (§ 63, 64 L. V. G. Dasselbe gilt von der „Wasser"polizei. § 66 Z. G.)

7. Zwangsmittel. Sofern es sonst zulässig erscheint, ist es zweckmäßig, mit der wegepolizeilichen Verfügung zugleich Zwangsmittel anzudrohen. Hiergegen ist dann selbstständig Einspruch und Klage ge-

geben. Handelt es sich aber schon um Festsetzung und Ausführung eines Zwangsmittels, so steht nur gewöhnliche Beschwerde im Aufsichtswege innerhalb 2 Wochen zu. (§ 133 L. V. G.) Ist die Androhung des Zwangsmittels an eine gewöhnliche polizeiliche Verfügung, die also nicht auf § 56 1 Z. G. beruht, geknüpft, so findet wie sonst Beschwerde an die im § 127 L. V. G. genannten Instanzen oder die Klage statt. Zweierlei Rechtsmittel sind zugelassen im Falle des § 55 Zust. Ges. am Ende, je nachdem der Verpflichtete sich durch die Anordnung in der Sache selbst oder durch die Art der Ausführung beschwert fühlt, weil hier Verfügung und Zwang in einen Act zusammenfallen. Verauslagte Kosten sind im Verwaltungszwangsverfahren einzuziehen. (O. V. G. V S. 217.)

8. Zu § 57. Einziehung und Verlegung öffentlicher Wege[1]). Da die Polizei über den Bestand der öffentlichen Wege zu wachen berufen ist, so kann auch nur sie über durch andere als Verkehrs-Interessen angeregte Einziehung und Verlegung solcher oder selbstständiger Theile von ihnen Beschluß fassen. Der Letztere ist formell zum Zeichen des Abschlusses des Verfahrens auch dann zu den Acten zu bringen, wenn Einsprüche nicht erfolgt sind. Die Zurückweisung solcher kann auch gesondert von obigem Beschlusse erfolgen, zumal die Einsprüche sehr verschiedenartiger Natur sein können. Eigenartig ist die ganz uneingeschränkte Zulassung Jedermanns als Interessirten zum Einspruche, welche durch die Größe des Interessentenkreises hervorgerufen ist. Die beanspruchte Veränderung muß mit dem öffentlichen Interesse vereinbar sein. Eine bloße Beschränkung einer Verkehrsart ist noch keine Einziehung. Letztere kann nur erfolgen, wenn die Wegestrecke als solche zwecklos geworden ist, oder wenn höhere Interessen sie fordern. Ueber privatrechtliche Einwendungen siehe Ob. Verw. Ger. Bd. XVIII, S. 239 (Nach Ansicht des Ob. Verw. Ger. kann ein Widerspruch dann als gerechtfertigt angesehen werden, wenn kein oder kein überwiegendes polizeiliches? Interesse ersichtlich ist.) Wie schon bemerkt, kann jedenfalls Verjährung bei den außerhalb des privatrechtsgeschäftlichen Verkehres stehenden öffentlichen Wegen keine Veränderung bewirken, welche die Ausübung des polizeilich nothwendigen Schutzes zu hindern vermöchte. (O. V. G. Bd. IX, S. 208, E. v. 3./6 82.) Durch den Beschluß über Einziehung bezw. Verlegung wird natürlich über das Eigenthum am Wegekörper bezw. private Nutzungsrechte an demselben in keiner Weise disponirt, selbst wenn ein Privatinteressent

---

[1]) Verlegt die Polizei im Interesse des Verkehrs den Weg, so liegt ein Fall des § 56 vor.

auf seine Kosten den neuen Wegekörper hergiebt. — Stellen sich nachträglich Bedenken heraus, so kann der nichtangefochtene Beschluß von der Polizei oder deren vorgesetzter Behörde jetzt nicht mehr widerrufen werden. S. O. V. G. v. 9. Mai 1896, Bd. 30, S. 229.

9. Der Kreisausschuß bestimmt für das Beschlußverfahren endgültig denjenigen betheiligten Polizeiverwalter bezw. Amtsvorsteher zum Treffen wegepolizeilicher Anordnungen, wenn verschiedene Polizeibezirke in Frage kommen, oder wenn es zweifelhaft ist, zu welchem Bezirke die Wegestrecke gehört. (§ 61 Kr. O.) Sind 2 Kreise bezw. Bezirke betheiligt, so bestimmt die gemeinsame höhere Polizeiinstanz die Behörde, welche einzugreifen hat. Ob. Verw. Ger. Bd. 29. S. 222. (Einheitlichkeit der Staatspolizeigewalt.)

10. Den öffentlichen Wegen stehen diejenigen — privaten — gegenüber, welche dem Gebrauche Einzelner oder demjenigen einer beschränkten Mehrheit von Personen dienen. Wenn sie auch ev. Jedermann zugänglich sind, sind sie doch nicht für Jeden bestimmt. Koppel-, Holz- u. s. w. Wege werden lediglich dadurch, daß sie einer Mehrheit zustehen oder der Aufsicht des Feldhüters, der von der Gemeinde oder von Grundbesitzern angestellt sein kann (§ 62 F. F. P. Ges.), unterliegen, noch nicht öffentliche. (§ 2. Wegeordnung für Sachsen.) Außer in Hannover ist das Material betr. die Rechte an Privatwegen sehr dürftig. Man unterscheidet Feldwege, für deren Unterhaltung nach der Rechtsvermuthung (Abänderung ist möglich) wegen communalen Interesses die Gemeinde zu sorgen hat, und Interessentenwege, bei welchen das Miteigenthum nur den betheiligten vorderen und hintergelegenen Anliegern, welche Letztere des Weges als Zuganges zu ihren Grundstücken bedürfen, zusteht. Aus dem Eigenthume folgt die zweckdienliche Unterhaltungslast im Zweifel bis zur Mitte des Weges, als Reallast[1]). Das Nutzungsrecht ist auf Servitut begründet. Dies gilt nur, wo nicht gesetzliche, gewohnheitsrechtliche, vertragliche oder aus Separationen bezw. Verkoppelungen der Belegenheitsgemeinde herrührende recessuale Bestimmungen vorhanden sind.

Betreffend den Schutz der Wege siehe § 368, 9 R. Str. G. B., ebenda § 370 1. 2, §§ 10, 28, 30 1—4 F. F. P. Ges. v. 1./4. 80. O. V. G. VII. S. 381.

Privatwege können in öffentliche Wege umgewandelt werden (s. ob. u. V. M. Bl. 1890. S. 48). O. V. G. 27. S. 400.

Im Allgemeinen stehen die Privatwege nicht unter der Wegepolizeiaufsicht. Allgemein-polizeiliche Interessen werden aber auch bei

---

[1]) S. §§ 37 II 7 und §§ 13 ff. II 15 A. L. R.

Privatwegen von der Polizeibehörde beobachtet (z. B. Abwehr von Unglücksfällen.) (M. R. v. 30./9. 1840. M. Bl. S. 403.)

Die Wegeordnung für Sachsen bezieht sich nur auf die öffentlichen Wege. (Ueberschrift des ersten Titels.) cf. § 37 II 7 Allg. Landr., wo die Ausbesserung der gemeinschaftlichen Wege und Brücken zu den Gemeindearbeiten gerechnet wird. Unter Gemeinschaften sind rein privatrechtliche hier nicht zu verstehen. Siehe auch Allg. Landr. I 22, §§ 63—79 u. O. V. G. Bd. V, S. 229, sowie Bd. VII, S. 379. § 6 Ges. v. 11. März 1850 und alte Feldpolizei-Ordnung v. 1847. Betreffend die Verwaltung von Separationswegen s. die Recesse und Ges. v. 2. April 1887. (G. S. S. 105.)

11. Das Recht kennt auch einen „offenen" Weg, der sowohl ein privater, dann aber nicht schließbarer, oder ein öffentlicher sein kann. Derselbe muß dauernd fahrbar und thatsächlich wie rechtlich unverschränkt zweckentsprechend benutzbar sein. Zu vielen Zwecken (Briefbestellung, Criminaluntersuchung ꝛc.) ist es nämlich nothwendig, daß jede Ansiedelung, jedes Wohnhaus zugänglich ist. $\frac{\text{§ 14 Ges. v. 25./8. 1876}}{\text{§ 2 Ges. v. 14./6 1890}}$ $\frac{\text{(G. S. S. 405).}}{\text{(G. S. S. 173).}}$ O. V. G. Bd. V S. 392 und vom 20./2. 89 Bd. XVII S. 322. Der Wegebaupflichtige ist zur Herstellung des Zuganges nicht verbunden. Ueber Einräumung des „Nothweges" s. Allg. Landrecht § 3 Th. I Titel 22.

12. Eine besondere Stellung nehmen noch die Eisenbahnzufuhrwege ein. Sie können öffentlich, also für Jedermann zu jedem Zwecke benutzbar sein oder im Gegensatze zu den gemein-öffentlichen Wegen von beschränkter Oeffentlichkeit, nämlich als zur Bahn gehörig nur für die Zwecke des Bahnverkehrs. Ob Ersteres vorliegt, ist, wie stets, Thatfrage, und wird regelmäßig zu bejahen sein, wenn der Weg über die Bahn hinaus Ortschaften oder deren Theile verbindet. Die beschränkt öffentlichen Eisenbahnzufuhrwege sind nach O. V. G. v. 20./2. 1889 Bd. XVII S. 316 (unten), 318 (in der Mitte) und 323 (oben) von der Eisenbahn herzustellen und von ihr zu unterhalten, weil sie nach §§ 14 und 24 Ges. v. 3./11. 1838 als Transportanstalten Theile der Bahnanlage sind. (Siehe auch O. V. G. Bd. XV S. 288 E. v. 1./10. 87.) Wo bereits Wege vorhanden, aber als nicht ausreichende Zuführungen anzusehen sind, trägt die Mehrkosten für die räumliche Erweiterung nach Länge und Breite (nicht für die verstärkte Frequenz) die Eisenbahngesellschaft. S. 323 oben u. O. V. G. X S. 182 u. 215. Diese Ansicht ist nicht unangefochten. Das Mini-

sterium dringt vielmehr auf Uebernahme auch derjenigen Wege, welche erst zum Zwecke des unerläßlichen Anschlusses der Bahn an das bestehende Netz der öffentlichen Wege geschaffen werden, durch den sonst Wegebaupflichtigen. Wenn der Weg nicht ein gemein-öffentlicher ist, so untersteht er nicht der Wegepolizeibehörde, sondern der Eisenbahnaufsichtsinstanz als Theil einer gewerblichen Anlage. S. auch §. 23 No. 3 Ges. v. 11. Juni 1874 (Enteignung). Durch das Gesetz betr. die Fluchtlinien v. 2. Juli 1875 ist § 4 des Eisenbahngesetzes vom 3. Nov. 1838 nicht berührt worden. S. Bering „Rechte an öffentlichen Wegen". Solange der Eisenbahnzufuhrweg nicht zweifellos dem gemein-öffentlichen Dienste gewidmet ist, gilt er — ob eingezäunt oder nicht — als Privatweg, so daß bei Streitigkeiten über die Wegebaupflicht bezw. Unterhaltungspflicht der Rechtsweg vor den ordentlichen Gerichten stattzufinden hat. O. V. G. Bd. XXVII S. 178 Erk. v. 31. October 1894. Reichs-Ger. E. v. 1./10. 1887 J. M. Bl. 88 S. 156. Durch die den Behörden im Zuständigkeitsgesetze beigelegten Befugnisse zur Entscheidung bezw. Beschlußfassung in Wegebausachen und in wasserpolizeilichen Angelegenheiten sind die der Landespolizeibehörde und dem Minister der öffentlichen Arbeiten nach §§ 4 u. 14 des Ges. v. 3. Nov. 1838 und § 7 des Ges. v. 1. Mai 1865 zustehenden Befugnisse in Eisenbahnangelegenheiten nicht berührt worden. (Zust. Ges. § 158.)

Zur Widmung von privaten Bahnhofswegen, welche im Projecte vorgesehen und vom Ministerium damit genehmigt sind, zu gemein-öffentlichen bedarf es wohl auch der Bestätigung durch den Minister der öffentlichen Arbeiten.

(cf. zu 12 Eger, Eisenbahnrecht $\frac{1889}{1896}$ und Bering, Rechte an öffentlichen Wegen.) Die Verpflichtung des Eisenbahnunternehmers zur Ausführung der projectgemäß aus Anlaß des Bahnbaues ihm auferlegten Leistungen in Bezug auf Bau öffentlicher Wege ist nicht die allgemeine Wegebauverpflichtung. Daher fällt für Anforderungen in Beziehung auf solche die Zuständigkeit der gewöhnlichen Ortswegepolizeibehörde bezw. Chausseebaupolizeibehörde fort. O. V. G. E. v. 21. October 1896. Bd. 30. S. 196.

13. Das Enteignungsverfahren nach Maßgabe des Fluchtliniengesetzes findet nur Anwendung, wenn die **Gemeinde** die Abtretung verlangt, nicht wenn an den **polizeilichen** Bauconsens die Bedingung geknüpft wird, daß ein Streifen Landes zur Straße mit verwendet werde (welcher dann im Eigenthume des Privaten bleiben kann). § 75

Einl. A. L. R.; R. G. 18./4. 94. Selbstv. 94. S. 667. Uebrigens hat sich die Polizei an den Wegebaupflichtigen (z. B. die Gemeinde) zu halten.

II. Wasserpolizei.

„§ 66. Gegen die Anordnungen der für die Wahrnehmung der „Wasserpolizei zuständigen Behörde wegen Räumung von Gräben, Bächen „und Wasserläufen, beziehungsweise wegen Aufbringung oder Vertheilung „der dazu erforderlichen Kosten findet als Rechtsmittel innerhalb zwei „Wochen der Einspruch an die Wasserpolizeibehörde statt. Dabei finden „die Vorschriften des zweiten und dritten Absatzes des § 56 sinngemäßige „Anwendung.

„Ueber den Einspruch hat die Wasserpolizeibehörde zu beschließen. „Gegen den Beschluß der Behörde findet die Klage im Verwaltungs„streitverfahren statt. Dieselbe ist, soweit der Inanspruchgenommene zu „der ihm angesonnenen Leistung aus Gründen des öffentlichen Rechts „statt seiner einen Anderen für verpflichtet erachtet, zugleich gegen diesen „zu richten.

„Auch im Uebrigen unterliegen Streitigkeiten der Betheiligten darüber, „wem von ihnen die öffentlich-rechtliche Verbindlichkeit zur Räumung von „Gräben und sonstigen Wasserläufen obliegt, der Entscheidung im Ver„waltungsstreitverfahren.

„Die Klage ist in den Fällen des zweiten Absatzes innerhalb zwei Wochen „anzubringen. Die zuständige Behörde kann zur Vervollständigung der Klage „eine angemessene Nachfrist gewähren. Durch den Ablauf dieser Fristen wird „jedoch die Klage im Verwaltungsstreitverfahren auf Erstattung des „Geleisteten gegen einen aus Gründen des öffentlichen Rechts Verpflich„teten nicht ausgeschlossen.

„Zuständig im Verwaltungsverfahren ist in erster Instanz der Kreis„ausschuß, in Stadtkreisen und, wenn die Klage gegen Beschlüsse des „Landrathes gerichtet ist, sowie in Städten mit mehr als 10,000 Ein„wohnern der Bezirksausschuß.

„Auf Gräben, Bäche und Wasserläufe im Bezirke eines Deichverbandes „finden die vorstehenden Bestimmungen keine Anwendung.

1. Wegen des **Verfahrens** vergl. die Anm. zum § 56 Zust. Ges. Die Klage ist beim zuständigen Gerichte einzureichen, § 63 L. V. G.

2. Zu den schwierigsten Fragen auf dem Gebiete der Polizeiverwaltung gehören diejenigen des Wasserrechts[1].) Dasselbe ist fast so

[1]) Litteratur: Hahn und Frank-Nieberding. Siehe A. L. R. I 8 §§ 96 bis 117 und II 15 §§ 38—87. (Privat- und öff. Flüsse.)

unsicher wie das Wasser selbst. Je nachdem ein fließendes Gewässer oder eine Wasserstrecke als ein schiffbarer „öffentlicher“ Strom (Verbindungskanal) oder als ein von Natur entstandener, nicht schiffbarer „Privatfluß“ (Bach) oder endlich als ein künstlich hergestellter, ebenfalls unschiffbarer „Graben“ (Röhrenleitung) angesehen werden muß, sind die Fragen nach den Nutzungsrechten an dem Wasserlaufe und den Pflichten zur Unterhaltung von Ufer und Bett zu beantworten. Zu bemerken ist, daß nach Ansicht des Reichsgerichts im Zweifelsfalle über die Frage, ob ein Wasserlauf ein Fluß sei, die gegenwärtig sich bietende Erscheinung in erster Linie berücksichtigt werden muß. (Rassow-Küntzel Bd. 37. S. 1009.) Seeen, welche einen Abfluß haben, sind Flüsse; wenn sie schiffbar sind, öffentliche.

Unter dem Bett werden die Sohle und die vom Wasser dauernd bespülten Seitenwände bis zum Spiegel verstanden, unter dem Ufer diejenigen Theile der Seiten, die bei normalem, mittlerem Wasserstande freiliegen. Ein Privateigenthum am Bette besteht nicht, nur an der Nutzung des Wassers.

Bei öffentlichen Flüssen[1]) sind die Nutzungen ein Vorbehalt des Staates. Nur die Ufer gehören, vorbehaltlich des Leinpfades, den Eigenthümern der anstoßenden Grundstücke. S. Gesetz vom $\frac{\text{31. Mai 1884}}{\text{20. August 1883}}$ über die Befugnisse der Strombauverwaltung (unterschieden von der Strompolizeibehörde). Der öffentliche Character der Ströme reicht nur ebensoweit als ihre Schiffbarkeit. (Ausnahme: Die Flüsse der ehemals kursächsischen Landestheile.) Die nicht schiffbaren natürlichen Arme sind als Privatflüsse anzusehen. Ueber die communalen Grenzen s. O.V.G. Band VI, S. 93. Erhebliche Verunreinigung durch Abgänge hat die Landespolizeibehörde zu untersagen. Kab. O. v. 24. II. 1816, G.S.S. 108 (Strafe!)

An Privatflüssen (Begriff: R.G.E. vom 20./3. 97, Selbstv. S. 446) stehen den Uferbesitzern, d. h. Ufereigenthümern, ausgedehnte Nutzungsrechte (dagegen: O.V.G. Bd. XI, S. 247), soweit nicht Andere in deren erlaubter Benutzung beeinträchtigt werden, zu[2]); dasselbe gilt von den Grundeigenthümern bei gemeinen Gräben. —

Die Uferunterhaltungspflicht bei öffentlichen Flüssen, worunter die Räumungspflicht hier nicht begriffen ist, liegt in der Regel den Ufer-

[1]) Ueber die Schiffbarkeit entscheidet der Oberpräsident. (Ausschluß des Rechtswegs.)

[2]) Durch Schiffbarmachung gehen sie nur soweit unter, als es die Schiffbarkeit erheischt.

eigenthümern ob; ebenso haben die Eigenthümer an Privatflüssen, soweit durch sie das Wasser seinen gewöhnlichen Abfluß hat, nach Annahme des oben citirten Reichsgerichtserkenntnisses eine Zwangspflicht zur Ufer-Unterhaltung (gemäß §§ 99—101 I 8 Allg. Landr.) Die Räumungslast insbesondere, d. h. die polizeiliche (nicht z. B. die dem Deichrechte entspringende), welche einen Theil der Unterhaltung eines Wasserabzuges bildet, ist hier folgendermaßen geregelt (contra Ob. V. Ger. Bd. XI S. 247): Diese Pflicht liegt, wo nicht zunächst specielle Rechtstitel, ununterbrochene Gewohnheiten[1]) bezw. sonstiges Lokal- oder Provinzialrecht Anderes bestimmen, den Ufereigenthümern ob, sofern ihnen die Nutzungsberechtigung am Wasser nicht fehlt, wohlgemerkt aber nur im Interesse der Vorfluth, d. h. nur für den Ablauf von oben, nicht für den Zulauf nach unten (O. V. G. Bd. XVIII, S. 259, 268 v. 24./10. 89.) Steht der Fluß, d. h. die Nutzungsrechte an demselben (s. obige Entscheidung) nachweisbar im Eigenthume eines Dritten, z. B. eines Müllers oder einer Gemeinde, so haben diese die Rämungspflicht aus dem allgemeinen Rechtsgrundsatze, daß dem Eigenthume die Verpflichtung eingeboren ist, sich mit dem öffentlichen Interesse im Einklange zu erhalten. (§ 7 Ges. vom 28. Februar 1843, § 73 Einleitung zum Allgemeinen Landrecht.) S. No. 9 zu Art. 9. Verf. Urk. Die Polizei ist „ermächtigt“, die Räumung anzuordnen.

Für die durch Menschenhand hergestellten Gräben schließlich setzt § 100 I. 8 Allgem. Landrechts eine Unterhaltungs- einschließlich Räumungslast des oder der Eigenthümer des Grundes, über welchen der Graben geht, fest, falls deren Anlegung und Fortbestand für die Ableitung des Grund- urd Regenwassers gerechtfertigt und darum rechtlich geschützt ist. —

Während die Aufsicht über die öffentlichen Flüsse der Landespolizeibehörde obliegt, steht diejenige über die Privatflüsse und Gräben der Ortspolizei zu. Ihre wichtigste Aufgabe ist die Ueberwachung von deren Räumung. Diese ist im öffentlichen Rechte geboten und wird hauptsächlich durch das Interesse der Bodenkultur erfordert. Sie besteht in der zu Gunsten des Oberhalbliegenden gegenüber dem Unterhalbliegenden zu fordernden Beschaffung der Vorfluth, d. h. natürlichen Wasserabführung von Berg zu Thal durch Beseitigung der dem Ablaufe schädlichen Hindernisse. — Auf die Entfernung des Wassers selbst (oder des Eises) bezieht sie sich nicht, ebensowenig auf etwa nothwendig werdende Wasser- und Uferbauten z. B. nach voraufgegangener Hochfluth (Eiswacht: Vf. v. 10./12 96). Nach § 10 des Vorfluth-

[1]) S. O. V. G. E. v. 2./7 96, Bd. XXX, S. 299.

gesetzes vom 15 November 1811 kann derjenige zur Räumung angehalten werden, dem die Unterhaltung eines Privatflusses oder Grabens obliegt. Wer der Pflichtige sei, zu ermitteln, ist Aufgabe der Behörde. Die Anordnung darf nur dann erfolgen, wenn aus der Vernachlässigung der Räumung oder Mangel an der erforderlichen Tiefe Nachtheil a) für die Besitzer anderer Grundstücke, b) für nutzbare Anlagen (auch industrielle), c) für die Gesundheit der Anwohner entsteht.

Die Bestimmung, wann und wie die Räumung bewirkt werden soll, steht lediglich im Ermessen der Polizei. Daß dasselbe ein pflichtgemäßes sei, wird bis zum Beweise des Gegentheiles vermuthet.

Ihre Verfügung hat die Polizei an den nach den Vorschriften des öffentlichen Rechtes zur Erhaltung des ursprünglichen und regelmäßigen Zustandes dauernd Verpflichteten zu richten. Streitet der privatrechtlich Verpflichtete nicht, so kann sich die Polizei natürlich praktischerweise auch an ihn halten. Für den betroffenen normalerweise Pflichtigen ist die Räumung auch dann geboten, wenn das Hinderniß ein nicht natürliches ist, z. B. eine Abdämmung oder gar eine (wohlbemerkt unmittelbar vorhergehend erfolgte) gänzliche Zuschüttung. Dabei ist es gleichgültig, ob das Hinderniß vom Pflichtigen selbst oder einem Dritten in den Wasserlauf eingeführt worden ist. Nur in diesem Falle, d. h. daß der nach öffentlichem Rechte dauernd Verpflichtete zur Räumung in Anspruch genommen wird, greifen die besonderen Rechtsmittel gegen die wasserpolizeilichen Verfügungen aus § 66 des Zuständigkeitsgesetzes vom 1. August 1883 (Einspruch bei der Wasserpolizeibehörde und nachfolgende Verwaltungsklage) Platz.

In allen anderen Fällen von Anordnungen auf dem Gebiete der Wasserpolizei, so auch bei deichpolizeilichen Anordnungen, wo solche zulässig sind (s. § 66 am Ende), liegen nur gewöhnliche polizeiliche Verfügungen vor, welche nach § 127 ff. des Allgemeinen Landesverwaltungsgesetzes vom 30. Juli 1883 angegriffen werden müssen, z. B. wenn die Polizei sich an den dritten Veranstalter eines ungesetzlichen Hindernisses direct wendet, der auch nicht als „Betheiligter“ im Sinne des § 66[3] angesehen wird, oder wenn sie etwa die Aufnahme des ausgehobenen Schlammes gegenüber den nicht räumungspflichtigen Anliegern anordnet.

Treffen mehrere wasser- und allgemein-polizeiliche Verfügungen zusammen, so giebt für den Angriff diejenige Verfügung den Ausschlag, welche die hauptsächlichste Bestimmung enthält und den ganzen Charakter der Anordnung beherrscht. Sie ist im Zweifelsfalle nach ihrem vollen Inhalte (Wortlaut und Sinn) auszulegen.

Herrscht Streit über die Verpflichtung, so muß dieser vorab im

Proceßwege erledigt werden. Ein einstweiliges Vorgehen der Polizei läßt sich nur dann rechtfertigen, wenn ein Aufschub ein erhebliches gemeinsames Interesse gefährden würde. Sie wird sich dann zunächst an denjenigen zu halten haben, der bisher thatsächlich geräumt hat, sonst an den Nutzungsberechtigten. Streitigkeiten zwischen den betheiligten Personen über die auf dem Grunde des öffentlichen Rechtes beruhende Räumungspflicht werden im Verwaltungsprocesse, solche, die sich auf dem Gebiete des Privatrechts bewegen (z. B. falls Jemand behauptet, er habe durch erwerbende Verjährung das Recht ersessen, wonach ein Dritter für ihn räumen müsse) im Rechtswege ausgefochten. O. V. G. Bd. XI. S. 155 ff. —

Die künstliche Zuleitung von Abwässern in einen fremden Privatfluß ist nur dann objectiv widerrechtlich, wenn die Zuleitung den Umfang und das Maß des Gemeingewöhnlichen überschreitet. Die Polizei hat ein facultatives Entscheidungsrecht über die Zulassung im Interesse des Gemeinwohles. Gruchot Bd. 32. S. 1045, 947.

Die natürlichen Hindernisse eines Wasserlaufes bestehen in Verschlammung, Verkrautung, Einsturz von Ufertheilen, besonders aber im Zuwachsen durch üppige Wucherung der Uferpflanzen und Anlandungen. Das Endziel der Räumung ist die Erreichung der dem Zwecke entsprechenden Breite und Tiefe. Uferneubau gehört nicht zur Räumung. Anschwemmungen, „Alluvionen“, erwirbt der Ufereigenthümer nach Privatrecht, indeß nur unter dem Vorbehalte ihrer Verträglichkeit mit dem öffentlichen Interesse. Die Bestimmungen des öffentlichen Rechts gehen also denjenigen des Privatrechtes vor.

Bei Eingriffen in das Privateigenthum soll nach Art. 9 der Verfassungsurkunde für den Preußischen Staat vom 31. Januar 1850, wie schon nach §§ 74, 75 der Einleitung zum Allgem. Landrecht, dem Verletzten Entschädigung gewährt werden, die derjenige zu tragen haben würde, welchem beabsichtigterweise der Vortheil erwächst, z. B. ein Müller, eine Commune; aber diese Vorschrift wird vielfach nach der Rechtsauslegung höchster Gerichtshöfe nur als eine Richtschnur für die Gesetzgebung betrachtet. Fehlen solche Bestimmungen, — und dies ist vorliegend der Fall, — so wird eine Entschädigungspflicht als nicht vorhanden angesehen (contra Rosin. S. oben: Verf.-Urk., Art. 9). Wenn es daher in Ausnahmefällen geboten erscheint, im Interesse der Vorfluth zum Zwecke des Gemeinwohles weiter in das private Besitzthum einzugreifen, als bis zur Beseitigung der gewöhnlichen natürlichen oder der fremden Hindernisse, d. h. über den normalen Zustand, der vor der Vernachlässigung bestanden hatte, bis zur Inanspruchnahme auch des ursprünglich gewachsenen Bodens hinauszugehen, so würde auch dann der Rechtsweg erfolglos sein, zumal sich jeder Ufereigenthümer dem Eingriffe wird unterwerfen müssen, also keine Ausnahme vorliegt. Man muß sich eben vorhalten, daß die die Vorfluth fordernden, erst im Laufe der Zeit entstehenden Alluvionen ein Unrecht gegenüber dem öffentlichen Interesse darstellen, wenn und indem sie die regelrechte Wasserabführung einschränken, daß hingegen, falls der „gewachsene" Boden beansprucht wird, ein Widerspruch von zwei berechtigten Interessen zu Tage tritt. Deshalb hat der mit Willen Begünstigte mindestens die moralische Verpflichtung, im letzteren Falle Entschädigung zu gewähren (z. B. die Kommune). Stellt sich das Erforderniß, zu räumen, ein, so wird der Räumende im eigenen Interesse den Betroffenen behufs Feststellung der nothwendig gebrauchten Bodenfläche, sowie der Höhe der etwaigen Vergütung zur Vermeidung unliebsamer Processe rechtzeitig hinzuziehen müssen.

Von Wichtigkeit ist übrigens, daß es im Landrecht an einer Bestimmung fehlt, welche dem Räumungspflichtigen gestattete, das fremde Ufer zu betreten und den Auswurf auf diesem zu lagern. Allerdings gebietet § 73 Einl. z. Allg. Landrecht, daß ein Jeder das Wohl und die Sicherheit des gemeinen Wesens nach den Verhältnissen seines Standes und Vermögens zu unterstützen verpflichtet sei, und es wird auch, wenn Schaden verhütet oder vergütet wird, kein Wohlgesinnter die Vornahme der Räumungshandlungen verwehren; der Pflichtige aber wird Mangels des „Schaufelschlagsrechts" gut thun, falls nicht etwa das Schlammlagerungsrecht durch Verjährung erworben ist, sich mit dem Uferbesitzer ins Einvernehmen zu setzen und sich nöthigenfalls gegen Entgelt eine bezügliche Servitut einräumen und, was zulässig ist, grundbuchlich eintragen zu lassen. (Reichsgerichtserk. v. 29. Februar 1896. Selbstv. 1896 S. 360. Die Herbeiführung von Polizeiverordnungen bezw. Reglements gemäß § 73, 25 Feldpolizeiordnung vom 1. November 1847 (§ 6 Ges. v. 11./3. 50, § 65 Zust. Gesetz), welche die Vornahme der Räumungen regeln, wird sich empfehlen. (Siehe das Normalregulativ v. 9. Sept. 1850 Min. Bl. S. 277.) Solche Verordnung darf aber das Maaß der bestehenden Pflichten nach Ansicht des Ob. Verw. Ger. nicht ausdehnen. (cf. dagegen Erk. Kammer Ger. v. 20./5. 86 P. V. Bl. 1886/7 Bd. VIII S. 253. S. unten Polizei-Verordnungs-Recht.) —

Bei Gräben kommt es für die Berechtigung der Polizei, die Räumungsanordnung zu treffen, nicht auf den Zweck und Ursprung an, auch nicht darauf, ob dieselben in den Recessen vermerkt oder in solchen nicht vorgesehen sind; andererseits gewährt weder das Bestehen eines Grabens, noch auch die stillschweigende Einwilligung in dessen

Anlegung allein einen öffentlich-rechtlichen Grund zu dessen Fortbestand (private Abmachungen begründen nur die Civilklage), das entscheidende Gewicht ist vielmehr immer darauf zu legen, ob das Bett thatsächlich, wenn auch nur zum Theile, mindestens bis kurz vor Erlaß der Verf. dem ordentlichen, d. h. geregelten, und gewöhnlichen, d. h. dauernden Wasserablaufe gedient hat, gleichgiltig, ob es wild abläuft oder z. B. aus Bächen stammt[1]); so hat z. B. das Oberverwaltungsgericht in einem Specialfalle einen Wasserlauf für rechtlich geschützt angesehen, der erst 4 Jahre bestand. Natürliche Bodenvertiefungen können rechtlich als Theile eines Grabens angesehen werden, wenn sie zur Wasserabführung bestimmt sind. O.V.G.Bd. 29 S. 265 u. 272 vom 19. December 1895.

Auf die Wiederherstellung nicht mehr bestehender Gräben findet das Vorfluthgesetz demgemäß keine Anwendung, sonst aber auf alle Gräben, auch Wasserleitungen. Nur ist bei solchen Anlagen mit Specialzwecken nicht der Grundeigenthümer durchaus und zumal auf Grund des § 100 I 8 Allg. Landr. der Räumungsverpflichtete; dieser muß dann vielmehr von der Polizei erst ermittelt werden. Eine Verjährung der Räumungspflicht, d. h. eine Befreiung der Einzelnen durch Zeitablauf erscheint dem öffentlichen Rechte gegenüber nicht durchgreifend, wohl aber kann Verjährung unter Privaten das zu Gunsten des Oberhalbliegenden zu erfordernde Recht auf Vorfluth beschränken; auch ist die Bildung einer die Pflicht regelnden in einer nicht nothwendig corporativen größeren, wenn auch localen Gemeinschaft gültigen Observanz d. h. einer ungeschriebenen Rechtsnorm möglich. Solche Observanzen gelten nach Landrecht, falls das Recht nicht auf sie hinweist, nur dann, wenn sie etwas betreffen, was die Gesetze unentschieden gelassen haben, oder wenn sie älter als das Landrecht sind. Sie gehen von der gemeinsamen Ueberzeugung des Berechtigten und Verpflichteten aus, daß die vom Verpflichteten ununterbrochen gleichförmig vorgenommenen Handlungen auf dem Grunde eines sich mit Nothwendigkeit aus den Umständen ergebenden Rechtes beruhen, und zwar muß die Pflicht freiwillig übernommen, d. h. nicht durch Zwang (z. B. obrigkeitliche Anordnung) oder bestehen gebliebenen Irrthum herbeigeführt sein. Die Freiwilligkeit der Uebernahme hat derjenige zu beweisen, der sich auf die Observanz stützen will.

Die Observanzen können in einem Statut bezw. einer Polizeiverordnung wiederholt (confirmirt) werden.

---

[1]) Es handelt sich also nur um Regen- und Grundwasser. Wirthschaftswasser mag mitlaufen. Aber zu dessen Ableitung besteht keine Räumungspflicht. O.V.G. 19./10. 1896. Selbstv. 1897 S. 180.

Ist kein Pflichtiger zu ermitteln, so sind die Räumungskosten solche der Polizeiverwaltung. (§ 3 Ges. v. 11. März 1850). —

Gesundheitspolizeiliche Rücksichten und sonstige nach dem Gesetze von 1811 berechtigte andere, als Vorfluthsinteressen, wenn dieselben nicht mit der Beschaffung der Vorfluth untrennbar zusammenhängen (das ist aber häufig der Fall, weil oft die Polizeiwidrigkeit des Wassers durch Stagniren hervorgerufen wird), begründen die Räumungspflicht der Uferbesitzer an Privatflüssen aus § 7 des Ges. v. 28. Febr. 1843 an sich nicht; die Polizei hat sich daher an denjenigen zu halten, der den polizeiwidrigen Zustand hervorgerufen hat, oder den Flußeigenthümer zu ermitteln. Auf gewöhnliche Gräben findet auch hier § 100 I. 8 Allg. Landr. Anwendung (s. oben.)

Voraussetzung bleibt aber immer, daß der Nachtheil für die Gesundheit der Anwohner, bezw. für die Besitzer anderer Grundstücke oder für nutzbare Anlagen auf Vernachlässigung oder Mangel an der erforderlichen Tiefe beruht.

Liegt dies vor, so kann die Polizeibehörde die im öffentlichen Rechte begründete Räumungsverpflichtung sonach auch dann geltend machen, wenn dieselbe nur im privaten Interesse nöthig ist, z. B. wenn durch Mangel an Tiefe für eine gewerbliche Anlage, wie eine Mühle, das Fehlen einer genügenden Wassermasse hervorgerufen wird. Hiernach kann nöthigenfalls auch zu Gunsten des unterhalb Gelegenen die Räumung durchgesetzt werden. (Siehe B. Min.-Bl. 1859 S. 347.)

Da die Pflicht, zu räumen, für die Uferbesitzer bezw. Grundeigenthümer im Zweifel bis zur Mitte des Wasserlaufes reicht, so werden die Pflichtigen gut thun, die Räumung einheitlich vorzunehmen und die Kosten zu halbiren, bezw. sonst nach Verhältniß zu vertheilen.

Schließlich sind die strafrechtlichen Vorschriften, welche die Verunreinigung der Gewässer ahnden, mit Nachdruck zur Geltung zu bringen, um dem Erforderlichwerden von Räumungen vorzubeugen. — cf. Ob. V. G. v. 25. 11. 1895 Bd. 29. S. 287. Ueber die durch Auseinandersetzungsverfahren (Separation) begründeten gemeinschaftlichen Angelegenheiten s. §§ 1, 2, 6 Ges. v. 2. 4. 87 G. S. S. 105. Die Räumung selbst muß man immer unten beginnen, um für die Räumung oben den Spiegel möglichst senken zu können.

3. Brücken: S. A. L. R. II 15 §§ 53, 54, 138; I 8 § 109 u. ob. zu § 56 Zust. Ges. O. V. G. Bd. 30, S. 212.

4. Betreffend Hauswässer s. Rehbein, Entsch. des Ob. Trib. I. Aufl. S. 770, wonach § 11 ff des Vorfluthsedicts sowie die §§ 102 ff I 8 Allg. Landrechts (Schutz gegen das wildablaufende Wasser) auf Häuser und Höfe Anwendbarkeit nicht erleiden. Ob. Trib. Bd. 40,

S. 33. Die Entwässerung ist Sorge der Hausbesitzer. O. V. G. 5./3. 95, Selbstv. S. 738, desgl. v. 14./6. 80, Bd. VI, S. 251.[1])

5. Die Anlegung und Unterhaltung der Rinnen, welche vom Hause nach dem Straßenrinnsteine führen, ist Pflicht des Hauseigenthümers, nicht des Bürgersteigunterhaltungspflichtigen. O. V. G. v. 18. März 96, Bd. 29, S. 256. Verfügungen der Polizeibehörden in Bezug auf solche Rinnen sind, — auch in der Provinz Sachsen, — keine wegebaupolizeilichen (ebenda), auch keine wasserbaupolizeilichen. Die Rinnsteine selbst längs der „Straßen" (innerhalb der Orte und zum Anbau bestimmt) gehören zu diesen, selbst bei Land- und Heerstraßen, welche größere Städte verbindend, kleinere Orte durchschneiden. Die Anlegung und Unterhaltung liegt daher dem Wegebaupflichtigen ob.[2]) Die nicht aus wegebaupolizeilichen Gründen erforderte Reinigung derselben ist aber nicht Sache des Baupflichtigen, sondern liegt im Zweifel der Commune, bezw. dem Amtsbezirke ob. (O. V. G. 11./3 96, Selbstv. 1896, S. 588), bei Privatstraßen in der Regel dem Eigenthümer, welcher für den allgemein polizeimäßigen Zustand der Grundstücke als solcher haftbar ist. Zur sogenannten polizeimäßigen Straßenreinigung, welche viel weiter greift und durch Verkehrsrücksichten bestimmt wird (§ 6 [6] Ges. v. 11. März 1850), ist der Eigenthümer einer Privatstraße der Regel nach nicht verbunden. Abzusehen ist von dem Falle, daß bei dem Privatverkehre Gefahr für Leben und Gesundheit obwaltet. Hier ist auch der Privateigenthümer neben dem Veranstalter der Gefahr zur Abhülfe verbunden (Stagniren des Wassers!) O. V. G. Bd. 29, S. 442 v. 25. März 1896. Gegen den Störenden hat der Pflichtige den privatrechtlichen Regreß.

Der Wegebaupflichtige hat für die Entwässerung der Wege auch dann zu sorgen, wenn statt der Gräben durch Ueberbrückungen oder auf sonstige Weise besondere Wasserdurchlässe entstehen, und dadurch die Erfüllung der Last erschwert wird. O. V. G. v. 23./12 90, Bd. 20, S. 238. Rinnsteinbrücken im Interesse Privater dürften diese mit Genehmigung der Polizei und des Baupflichtigen anzulegen haben.

Zu einer wegepolizeilichen Anordnung bezüglich der Chausseegräben sind, auch soweit sie durch Ortschaften führen, nicht die Ortspolizei-

---

[1]) Ueber das Dachtraufenrecht s. § 80, 121, 123, 128, 189, 102ff I 8 und § 59ff I 22 A. L. R.

[2]) Ueberbrückungen, Durchlässe, welche den anliegenden Grundstücken dienen, sind meist privatrechtlich vom Wegebaupflichtigen herzustellen und zu unterhalten. O. V. G. 23./12 90, Bd. 20, S. 236.

behörden, sondern ist der Regierungs-Präsident zuständig. Soweit die Chausseegräben nicht die Rinnsteine darstellen oder ersetzen, kommt die Zuständigkeit der Ortspolizei nur dann in Frage, wenn es sich um eine Reinigung oder Räumung im wasserpolizeilichen Interesse handelt, denn die sog. polizeimäßige Reinigung findet außerhalb der Orte nicht statt. O. V. G. v. 25./4 1894, Selbstv. 1894, S. 756.

6. Oeffentliche Wege sind keine „Grundstücke“ im Sinne des § 102 Allg. Landr. I 8. Einen Anspruch darauf, daß sich Jemand gegen das wildablaufende Wasser decke und damit auch einen Anderen schütze, hat Letzterer nicht. cf. §§ 11—34, Edict vom 15. November 1811.

H. Der Rechtsweg.

Gesetz über die Zulässigkeit des Rechtsweges in Beziehung auf polizeiliche Verfügungen.[1])

Vom 11. Mai 1842. (G. S. S. 192.)

„Wir, Friedrich Wilhelm, von Gottes Gnaden, König von Preußen, „verordnen zur Beseitigung der Zweifel, welche über die Zulässigkeit des „Rechtsweges in Beziehung auf polizeiliche Verfügungen entstanden sind, „auf den Antrag Unseres Staatsministeriums und nach erfordertem „Gutachten Unseres Staatsraths für den ganzen Umfang der Monarchie „was folgt:

„§ 1. Beschwerden über polizeiliche Verfügungen jeder Art, sie „mögen die Gesetzmäßigkeit, Nothwendigkeit oder Zweckmäßigkeit derselben „betreffen, gehören vor die vorgesetzte Dienstbehörde. (Siehe jetzt „§ 127 L. V. G.)

„Der Rechtsweg ist in Beziehung auf solche Verfügungen nur dann „zulässig, wenn die Verletzung eines zum Privat-Eigenthum gehörenden „Rechts behauptet wird, und nur unter den nachfolgenden Bestimmungen.

„§ 2. Wenn derjenige, welchem durch eine polizeiliche Verfügung „eine Verpflichtung auferlegt wird, die Befreiung von derselben auf den „Grund einer besonderen gesetzlichen Vorschrift oder eines speziellen „Rechtstitels behauptet, so ist die richterliche Entscheidung sowohl über „das Recht zu dieser Befreiung, als auch über dessen Wirkungen zulässig.

„§ 3. Die Verfügung (§ 2) kann jedoch, des Widerspruchs ungeachtet,

---

[1]) cf. Gesetz vom 24. Mai 1861 betreffend die Erweiterung des Rechtsweges G. S. S. 241.

„zur Ausführung gebracht werden, wenn solches nach dem Ermessen der „Polizei-Behörde ohne Nachtheil für das Allgemeine nicht ausgesetzt „bleiben kann. Nach ergangenem rechtskräftigen Erkenntnisse muß die „Polizei-Behörde dessen Bestimmungen bei ihren weiteren Anordnungen „beachten.

§ 4. „Steht einer polizeilichen Verfügung ein besonderes Recht auf „Befreiung (§ 2) nicht entgegen, es wird aber behauptet, daß durch „dieselbe ein solcher Eingriff in Privatrechte geschehen sei, für welchen nach „den gesetzlichen Vorschriften über Aufopferungen der Rechte und „Vortheile des Einzelnen im Interesse des Allgemeinen, Entschädigung „gewährt werden muß, so findet der Rechtsweg darüber statt: ob ein „Eingriff dieser Art vorhanden sei, und zu welchem Betrage dafür Ent- „schädigung geleistet werden müsse.

„Eine Wiederherstellung des früheren Zustandes kann in diesem „Falle niemals verlangt werden, wenn solche nach dem Ermessen der „Polizei-Behörde unzulässig ist.

„§ 5. Gebührt der Polizei-Behörde nur die Befugniß zu einer vor- „läufigen Anordnung mit Vorbehalt der Rechte der Betheiligten, oder „behauptet derjenige, welchem durch eine polizeiliche Verfügung eine „Verpflichtung auferlegt worden ist, daß die Verpflichtung ganz oder „theilweise einem Anderen obliege, so ist zur Feststellung der Rechte „unter den Betheiligten und über die zu leistende Entschädigung die „richterliche Entscheidung zulässig.

„§ 6. Wird eine polizeiliche Verfügung im Wege der Beschwerde „als gesetzwidrig oder unzulässig aufgehoben, so bleiben dem Betheiligten „seine Gerechtsame nach den allgemeinen gesetzlichen Bestimmungen über „die Vertretungs-Verbindlichkeit der Beamten vorbehalten.

„§ 7. Sämmtliche, sowohl allgemeine als besondere Vorschriften „über Gegenstände dieses Gesetzes und namentlich die Vorschriften der „Verordnung vom 26. Dezember 1808 §§ 38 bis 40 werden hierdurch „aufgehoben.

„Urkundlich unter Unserer Höchsteigenhändigen Unterschrift und beige- „drucktem Königlichen Insiegel.

„Gegeben Potsdam, den 11. Mai 1842.

(L.S.) Friedrich Wilhelm.

1. Auf Grund dieses viel umstrittenen Gesetzes wird in der Praxis der Rechtsweg in Beziehung auf polizeiliche Verfügungen (Verordnungen?) zugelassen, wenn

I. die Verletzung eines zum Privateigenthume gehörenden Rechts und zugleich behauptet wird,

II. a) daß Befreiung von einer polizeilich auferlegten Verpflichtung auf Grund einer singulären privatrechtlichen Gesetzesvorschrift oder eines speziellen, zwischen der Polizei und dem Betheiligten Recht machenden privatrechtlichen Titels vorliege (§ 2), oder

b) nach den gesetzlichen Vorschriften über Aufopferung der Rechte und Vortheile des Einzelnen im Interesse des Allgemeinen für den polizeilichen Eingriff eine Entschädigungsverpflichtung bestehe (§ 4), oder

c) daß eine polizeilich definitiv auferlegte Verpflichtung auf Grund privaten oder öffentlichen Rechtes ganz oder theilweise einem Andern obliege (§ 5) oder

d) bei Mißbilligung der Verfügung im Wege der Beschwerde oder des Verwaltungsstreitverfahrens der Polizeibeamte sein gesetzwidriges oder unzulässiges Verhalten dem Betheiligten gegenüber zu vertreten habe (§ 6).

Findet die Begründung des privatrechtlichen Anspruchs im Falle zu a im öffentlichen Rechte statt, oder liegt im Falle zu c gesetzliche Ausschließung des Rechtsweges bei Streitigkeiten über privatrechtliche Ansprüche mit öffentlich-rechtlicher Begründung vor, so greifen die Rechtsmittel des Landesverwaltungs- bezw. des Zuständigkeitsgesetzes Platz. § 127 [4] L. V. Ges. v. 30. Juli 1883, §§ 56, 66, Zust.-Ges. v. 1. August 1883 (Wege- und Wasserpolizei.)

Im Falle zu a wird die Klage gegen die Verfügung gerichtet an die Polizeibehörde, zu b wird die Verfügung für rechtsbeständig angesehen, und der Entschädigungsverpflichtete in Anspruch genommen, zu c giebt die Verfügung zur Klage zwar den Anlaß, herangezogen wird aber ein Dritter, zu d schließlich liegt eine wirksame Verfügung nicht mehr vor; Beklagter ist hier der Beamte persönlich, der vor dem Landgericht Recht findet. S. § 39 Ges. v. 24. 4. 78 (G. S. S. 230.) Der Civilrichter kommt, abgesehen allenfalls von § 2 des Ges., wo er die Ausnahmebefreiung zu prüfen hat, garnicht in die Lage, die Ungesetzmäßigkeit einer Verfügung auszusprechen.

Die Fassung „in Beziehung auf" polizeiliche Verfügungen garantirt für den regelmäßigen Fall den Ausschluß des Rechtsweges in allen anderen Fällen, auch dann, wenn nicht die Polizei sondern ein Dritter aus Anlaß einer polizeilichen Verfügung in Anspruch genommen werden soll. S. jedoch § 5. Ueber die Gültigkeit in den neuen Landestheilen s. Vo. v. 16./9. 1867 G. S S. 1515. Lauenburg Ges. v. 25./2. 1878 § 3 G. S. S. 99. Jadegebiet Vo. v. 24. 1. 1859. Helgoland G. v. 18./2. 1891 § 4. Hohenzollern L. V. G. § 5 und

Patent vom 12. März 1850. G. S. S. 295.

2. (Zu § 1.) Zu den polizeilichen Verfügungen gehören nicht die sog. Strafmandate. Ueber die Verfügungen im Sinne des **Landesverwaltungsgesetzes** s. vorn bei § 127 L. V. G., desgl. über die Anfechtung derselben. Gegen die Androhung, Festsetzung und Ausführung eines Zwangsmittels ist der Rechtsweg nicht gegeben. Im Sinne des Gesetzes v. 11. Mai 1842 sind polizeiliche Verfügungen solche **jeder** Art, d. h. auch Verfügungen, welche polizeilichen Inhalts sind, aber nicht von einer Polizeibehörde ausgehen, z. B. Verfügung eines Gemeindekirchenrathes betr. Beseitigung von Privaten eingeräumten Gestühles in einem Gotteshause im allgemeinen öffentlichen Interesse. (R. G. Entsch. v. 1. Febr. 1897. Selbstv. S. 360.) Polizeiverordnungen können nicht direct im Rechtswege angegriffen werden. Rosin hält indessen die Construirung des Rechtsweges im Wege der Analogie und mit Rücksicht auf die Reichsgerichtsentscheidung vom Bd. XI S. 71 für möglich. Eine Frist existirt für die Klage nicht.

3. Vermögensrechtliche und andere privatrechtliche **Ansprüche** können auch in öffentlichen **Rechtsverhältnissen** begründet sein. Diese Herkunft schließt den Rechtsweg nicht aus.

Ausnahme: § 56, 66 Zust.-Ges., wo die Verwaltungsklage geordnet ist.

4. (Zu § 2.) Die **besondere** gesetzliche Vorschrift ist eine von der Rechtsregel abweichende, privilegirende (Realschankberechtigung); der **specielle** Titel ausnahmsweis und individuell, d. h. zwischen der Polizei und dem Betroffenen Recht machend (Genehmigung eines Vertrages über Wegebaulast durch die Polizei, Verjährung am Wegekörper vor dessen Oeffentlichkeit, Nichtgebrauch einer der Polizei zustehenden lediglich facultativen Befugniß innerhalb der Verjährungsfrist.) Rechtstitel ist Rechtsgrund, wird aber meist im Gegensatze zum „Gesetze" nur für „individuelle" Titel gebraucht. O. V. G. 3. 6. 96. Selbstv. 97, S. 100 § 82. Einl. A. L. R. § 132 I 2.

5. Ist der Befreiungsgrund öffentlich-rechtlichen Ursprungs, so findet gemäß § 127⁴ L. V. G. die Verwaltungsklage statt, sonst der Rechtsweg. V. M. Bl. 1883 S. 152. So richtig auch Biermann S. 28.

6. (Zu § 4.) Die Frage nach der Entschädigungspflicht des Staates bezw. der Gemeinde oder des sonst Begünstigten ist nicht klar. Rosin hält dafür, daß für Eigenthumsaufopferung in Ausnahmefällen nach § 75 ff. Allg. Landr. bezw. Art. 9 der preuß. Verf.-Urk. Entschädigung gewährt werden müsse, während das Reichsgericht bisher noch eine **ausdrückliche** Bestimmung über die Entschädigungsfrage forderte. Jetzt: R. G. 21./28. 9. 95 Bd. XXXVI S. 272, 281.

7. (Zu § 5.) Die Zulässigkeit des Rechtsweges auch bei Streit aus öffentlichem Recht in den Fällen des § 5 ist selbstverständlich und nur da ausgeschlossen, wo positive Norm wegen wesentlicher Berührung des objectiven öffentlichen Rechts die Zuständigkeit des Verwaltungsgerichts bestimmt. §§ $56^{5,6}$, $66^{3,4}$ Zust.-Ges. (Wege- und Wasserbau). Erk. Reichsger. v. 24. 6. 96. Selbstv. 1896. S. 698 und R. Ger. Bd. XXVII S. 334.

8. (Zu § 6.) Unzulässigkeit einer Verf. würde z. B. in der ungerechtfertigten Zurücknahme einer schon ertheilten Erlaubniß liegen. Uebrigens cfr. Conflictsgesetz vom 13. Februar 1854. Der sachliche Schutz des Gesetzes v. 42 geht über den persönlichen Schutz, den alle Beamten genießen, hinaus. S. Löning, Haftpflicht, 1879. — Der Irrthum Sachverständiger fällt dem Beamten nicht zur Last. Ueber Irrthum des Beamten selbst s. B. M. Bl. 1890 S. 44 cf. §§ 68, 85 ff. 88—91, 127 ff. II 10 und §§ 45 ff. I 6. Allg. Landrechts. cf. E. Anm. 13.

9. Ratihabirte Anordnungen untergeordneter Polizei-Organe sind polizeiliche Verfügungen und zwar dann vom Zeitpunkte des Ergehens an.

10. Formelle Aufhebung der Verfügung wird nicht gefordert, nur deren Erklärung als gesetz- oder gänzlich sachwidrig wie einer unbegründeten Rücknahme einer Erlaubniß.

11. Ueber die Haftung von Corporationen s. R. G. E. v. 24./1. 1895 in Selbstv. 95 und Bd. XXIV S. 294. Bürgerl. Ges.-Buch §§ 89, 31 regelt nicht die Haftung für Handlungen in Ausübung der öffentlichen Gewalt.

12. Eigenartig liegt folgendes Verhältniß: Wenn z. B. ein nach öffentlichem Rechte Wegebaupflichtiger diese Verpflichtung durch Vertrag auf einen anderen überträgt, so gewinnt dieser Contract öffentlich-rechtliche Bedeutung, wenn ihm die zuständige Wegepolizeibehörde beitritt, denn durch diese Genehmigung erkennt die Staatsgewalt an, daß sie sich durch die Abmachung gebunden fühlt. Gegen die Heranziehung hiernach findet daher das Verwaltungsstreit-Verfahren statt. Klagen dagegen die Contrahenten nur unter sich aus dem Vertrage, so steht nur der Rechtsweg offen. Für sie hat der Contract seinen privatrechtlichen Character nicht verloren. R. G. 1./10. 87 J. M. Bl. 88 S. 156. cf. dagegen O. V. G. v. 21. December 1895 Bd. XXX S. 269 (Objectives öff. Recht).

13. Näheres siehe in meinem Commentar, Berlin 1895 (Karl Heymann).

J. I. Organisation. II. Verordnungsrecht.

a) Gesetz über die Polizeiverwaltung vom 11. März 1850. G.S. S. 265. I §§ 1—4. II §§ 5 ff.[1])

„§ 1. Die örtliche Polizeiverwaltung wird von den nach den Vor„schriften der (Gemeindeordnung) Städteordnung, Kreisordnung dazu „bestimmten Beamten (Bürgermeistern, Amtsvorstehern 2c.) im Namen „des Königs geführt, vorbehaltlich der im § 2 des gegenwärtigen Gesetzes „vorgesehenen Ausnahme.

„Die Ortspolizeibeamten sind verpflichtet, die ihnen von der vor„gesetzten Staatsbehörde in Polizei-Angelegenheiten ertheilten Anweisungen „zur Ausführung zu bringen.

„Jeder, der sich in ihrem Verwaltungsbezirke aufhält oder daselbst „ansässig ist, muß ihren polizeilichen Anordnungen Folge leisten.

„§ 2. In Gemeinden, wo sich eine Bezirks-Regierung, ein Land-, „Stadt- oder Kreisgericht befindet, sowie in Festungen und in Gemeinden „von mehr als 10000 Einwohnern, kann die örtliche Polizei-Verwaltung „durch Beschluß des Ministers des Innern besonderen Staatsbeamten „übertragen werden. Auch in anderen Gemeinden kann aus dringenden „Gründen dieselbe Einrichtung zeitweise eingeführt werden.

„§ 3. Die Kosten der örtlichen Polizei-Verwaltung sind, mit Aus„nahme der Gehälter der von der Staatsregierung im Falle der An„wendung des § 2 angestellten besonderen Beamten, von den Gemeinden „zu bestreiten.

„§ 4. Ueber die Einrichtungen, welche die örtliche Polizei-Verwaltung „erfordert, kann die Bezirksregierung besondere Vorschriften erlassen. Die „für den Bezirk des Appellationsgerichtshofes zu Köln bestehenden gesetz„lichen Bestimmungen wegen Anstellung von Polizei-Kommissarien werden „hierdurch nicht berührt. Ebenso bleiben vorläufig die Distrikts-Kom„missarien in der Provinz Posen in Wirksamkeit. Die Ernennung aller „Polizei-Beamten, deren Anstellung den Gemeinde-Behörden zusteht, bedarf „der Bestätigung der Staatsregierung.

„§ 5. Die mit der örtlichen Polizei-Verwaltung beauftragten Behörden „sind befugt, nach Berathung mit dem Gemeindevorstande, ortspolizeiliche, „für den Umfang der Gemeinde gültige Vorschriften zu erlassen und „gegen die Nichtbefolgung derselben Geldstrafen bis zum Betrage von 3 Thlr. „anzudrohen.

---

[1]) Vgl. hierzu §§ 59 ff. Kreisordnung, §§ 62, 63 östl. Städteordnung und §§ 136 ff. Land. Verw. Ges.

„Die Strafandrohung kann bis zu dem Betrage von 10 Thlr. gehen, „wenn die Bezirksregierung ihre Genehmigung dazu ertheilt hat.

„Die Bezirksregierungen haben über die Art der Verkündigung der „ortspolizeilichen Vorschriften, sowie über die Formen, von deren Beob„achtung die Gültigkeit derselben abhängt, die erforderlichen Bestimmungen „zu erlassen.

„§ 6. Zu den Gegenständen der ortspolizeilichen Vorschriften gehören:

„a) der Schutz der Personen und des Eigenthums;

„b) Ordnung, Sicherheit und Leichtigkeit des Verkehrs auf öffentlichen „Straßen, Wegen und Plätzen, Brücken, Ufern und Gewässern;

„c) der Marktverkehr und das öffentliche Feilhalten von Nahrungs„mitteln;

„d) Ordnung und Gesetzlichkeit bei dem öffentlichen Zusammensein einer „größeren Anzahl von Personen;

„e) das öffentliche Interesse in Bezug auf die Aufnahme und Be„herbergung von Fremden; die Wein-, Bier- und Kaffee-Wirth„schaften und sonstige Einrichtungen zur Verabreichung von Speisen „und Getränken;

„f) Sorge für Leben und Gesundheit;

„g) Fürsorge gegen Feuersgefahr bei Bau-Ausführungen, sowie gegen „gemeinschädliche und gemeingefährliche Handlungen, Unter„nehmungen und Ereignisse überhaupt;

„h) Schutz der Felder, Wiesen, Weiden, Wälder, Baumpflanzungen, „Weinberge u. s. w.

„i) alles andere, was im besondern Interesse der Gemeinden und ihrer „Angehörigen polizeilich geordnet werden muß.

„§ 7. Zu Verordnungen über Gegenstände der landwirthschaftlichen „Polizei ist die Zustimmung der Gemeindevertretung erforderlich. Die „Berathung erfolgt unter dem Vorsitze des mit der örtlichen Polizei-Ver„waltung beauftragten Beamten.

„§ 8. Von jeder ortspolizeilichen Verordnung ist sofort eine Abschrift „an die zunächst vorgesetzte Staatsbehörde einzureichen.

„§ 9. Der Regierungspräsident ist befugt, jede ortspolizeiliche Vorschrift „durch einen förmlichen Beschluß unter Angabe der Gründe außer Kraft „zu setzen.

„Dem Beschlusse muß, mit Ausnahme dringender Fälle, eine Be„rathung mit dem Bezirksrathe vorhergehen. Die Erklärung des Letzteren „ist entscheidend:

„1) wenn eine ortspolizeiliche Vorschrift außer Kraft gesetzt werden „soll, weil sie das Gemeindewohl verletzt;

„2) wenn es sich darum handelt, eine Verordnung über Gegenstände „der landwirthschaftlichen Polizei wegen ihrer Unzweckmäßigkeit „aufzuheben.

„§ 10. Die Bestimmungen der §§ 8 und 9 finden auch auf die „Abänderung oder Aufhebung ortspolizeilicher Vorschriften Anwendung.

„§ 11. Die Bezirksregierungen sind befugt, für mehrere Gemeinden „ihres Verwaltungsbezirks oder für den ganzen Umfang desselben gültige „Polizei-Vorschriften zu erlassen und gegen die Nichtbefolgung derselben „Geldstrafen bis zu dem Betrage von 10 Thlr. anzudrohen.

„Der Minister des Innern hat über die Art der Verkündigung solcher „Vorschriften, sowie über die Formen, von deren Beobachtung die Gültig„keit derselben abhängt, die erforderlichen Bestimmungen zu erlassen.

„§ 12. Die Vorschriften der Bezirksregierungen (§ 11) können sich „auf die im § 6 dieses Gesetzes angeführten und alle anderen Gegenstände „beziehen, deren polizeiliche Regelung durch die Verhältnisse der Gemeinden „oder des Bezirks erfordert wird.

„§ 13. Zum Erlasse solcher Vorschriften der Bezirksregierungen, welche „die landwirthschaftliche Polizei betreffen, ist die Zustimmung des Bezirks„rathes erforderlich.

„§ 14. Die Befugniß der Bezirksregierungen, sonstige allgemeine „Verbote und Strafbestimmungen in Ermangelung eines bereits bestehenden „gesetzlichen Verbotes mit höherer Genehmigung zu erlassen, ist aufgehoben.

„§ 15. Es dürfen in die polizeilichen Vorschriften (§§ 5 und 11) „keine Bestimmungen aufgenommen werden, welche mit den Gesetzen oder „den Verordnungen einer höhern Instanz im Widerspruch stehen.

„§ 16. Der Minister des Innern ist befugt, soweit Gesetze nicht „entgegenstehen, jede polizeiliche Vorschrift durch einen förmlichen Beschluß „außer Kraft zu setzen.

„Die Genehmigung des Königs ist hierzu erforderlich, wenn die poli„zeiliche Vorschrift von dem Könige oder mit dessen Genehmigung er„lassen war.

„§ 17. Die Polizeirichter haben über alle Zuwiderhandlungen gegen „polizeiliche Vorschriften (§§ 5 und 11) zu erkennen, und dabei nicht die „Nothwendigkeit oder Zweckmäßigkeit, sondern nur die gesetzliche Gültigkeit „jener Vorschriften nach den Bestimmungen der §§ 5, 11 u. 15 dieses „Gesetzes in Erwägung zu ziehen.

„§ 18. Für den Fall des Unvermögens des Angeschuldigten ist auf „verhältnißmäßige Gefängnißstrafe zu erkennen. Das höchste Maaß der„selben ist 4 Tage statt 3 Thlr. und 14 Tage statt 10 Thlr.

„§ 19. Die bisher erlassenen polizeilichen Vorschriften bleiben so lange „in Kraft, bis sie in Gemäßheit dieses Gesetzes aufgehoben werden.

„§ 20. Die den Polizeibehörden nach den bisherigen Gesetzen zu„stehende Executionsgewalt wird durch die vorstehenden Bestimmungen „nicht berührt.

„Jede Polizeibehörde ist berechtigt, ihre polizeilichen Verfügungen durch „Anwendung der gesetzlichen Zwangsmittel durchzusetzen.

„Wer es unterläßt, dasjenige zu thun, was ihm von der Polizeibehörde „in Ausübung dieser Befugniß geboten worden ist, hat zu gewärtigen, „daß es auf seine Kosten zur Ausführung gebracht werde — vorbehaltlich „der etwa verwirkten Strafe und der Verpflichtung zum Schadenersatze.

„§ 21. Alle diesem Gesetze entgegenstehenden Bestimmungen sind „aufgehoben.

b) Landesverwaltungsgesetz vom 30. Juli 1883.

„§ 143. Ortspolizeiliche Vorschriften (§§ 5 ff. des Gesetzes vom „11. März 1850 beziehungsweise der Verordnung vom 20. September „1867 und des Lauenburgischen Gesetzes vom 7. Januar 1870), soweit „sie nicht zum Gebiete der Sicherheitspolizei gehören, bedürfen in Städten „der Zustimmung des Gemeindevorstandes. Versagt der Gemeindevorstand „die Zustimmung, so kann dieselbe auf Antrag der Behörde durch Be„schluß des Bezirksausschusses ergänzt werden.

„In Fällen, welche keinen Aufschub zulassen, ist die Ortspolizeibehörde „befugt, die Polizeivorschrift vor Einholung der Zustimmung des Ge„meindevorstandes zu erlassen. Wird diese Zustimmung nicht innerhalb „vier Wochen nach dem Tage der Publikation der Polizeivorschrift ertheilt, „so hat die Behörde die Vorschrift außer Kraft zu setzen.

„§ 144. In Stadtkreisen ist die Ortspolizeibehörde befugt, gegen die „Nichtbefolgung der von ihr erlassenen polizeilichen Vorschriften Geldstrafen „bis zum Betrage von dreißig Mark anzudrohen. Im Uebrigen steht die „Ertheilung der Genehmigung zum Erlasse ortspolizeilicher Vorschriften „mit einer Strafandrohung bis zum Betrage von dreißig Mark gemäß „§ 5 der im § 137 angezogenen Gesetze dem Regierungspräsidenten zu.

„Ingleichen hat der Regierungspräsident über die Art der Verkün„digung orts- und kreispolizeilicher Vorschriften, sowie über die Form, „von deren Beobachtung die Gültigkeit derselben abhängt, zu bestimmen.

„§ 145. Die Befugniß, orts- oder kreispolizeiliche Vorschriften außer „Kraft zu setzen, steht dem Regierungspräsidenten zu. Mit Ausnahme „von Fällen, welche keinen Aufschub zulassen, darf diese Befugniß nur „unter Zustimmung des Bezirksausschusses ausgeübt werden.

„Bei der Befugniß des Ministers des Innern, jede (orts-, kreis-, „bezirks- oder provinzial-) polizeiliche Vorschrift, soweit Gesetze nicht ent- „gegenstehen, außer Kraft zu setzen (§ 16 des Gesetzes vom 11. März 1850, „§ 14 der Verordnung vom 20. September 1867 beziehungsweise des „Lauenburgischen Gesetzes vom 7. Januar 1870), behält es mit der Maß- „gabe sein Bewenden, daß diese Befugniß hinsichtlich der Strom-, Schiff- „fahrts- und Hafenpolizeivorschriften (§ 138) auf den Minister für Handel „und Gewerbe übergeht.

Vorbemerkung. Das Gesetz vom 11. März 1850 zerfällt in 2 Theile und einen Schluß, I. §§ 1—4, II. §§ 5—19, III. §§ 20, 21. In den Motiven, welche bei Rosin, Polizeiverordnungsrecht II. Aufl. abgedruckt sind, heißt es hierüber (S. 311): Den zweiten Theil (des Entwurfs) bilden die §§ 5—13; sie handeln im Gegensatze zu der exekutiven von der ordnenden oder reglementarischen örtlichen Polizeigewalt oder von der Befugniß zum Erlasse ortspolizeilicher Vorschriften oder Verordnungen mit Strafandrohung. Der Schluß besagt, daß die bisherigen Bestimmungen über Exekutionsgewalt (d. h. Ausführung der Gesetze durch Verfügungen) und Zwangsmittel unberührt bleiben.

Das Gesetz ist sehr modificirt. Zum ersten Theile wird es berührt durch die §§ 59ff der Kreisordnung und §§ 62, 63 der Städteordnung, besonders aber anlangend das Verordnungsrecht durch das Landesverwaltungsgesetz §§ 136ff. Insbesondere ist zu setzen statt Regierung: Regierungspräsident u. s. f., die Gerichtsorganisation ist geändert. — Für die neuen Landestheile erging die fast wörtlich gleiche V. v. 20. Sept. 1867, Lauenburg s. Off. Wochenblatt 1870, S. 13. Jadegebiet G. S. 1859, S. 72. Helgoland G. S. 1891, S. 11. Hohenzollern Ges. v. 12. März 1850, G. S. S. 289; Land. Verw. Ges. § 5.

1. Behörden und Beamte. Die Polizeibehörden sind wie andere mittelbare bezw. unmittelbare Staatsbehörden Organe der Staatsregierung, welche berufen sind, unter öffentlicher Autorität nach eigenem Ermessen (im Gegensatze zu den zu instruirenden Subaltern- und Unterbeamten) für Herbeiführung der polizeilichen Staatszwecke thätig zu sein. Eine Behörde kann auch durch einen einzelnen Beamten dargestellt werden. Beamter ist, wer unter eigener Verantwortung kraft mittelbarer oder unmittelbarer staatlicher Bestallung behördliche Functionen ausübt. Amt ist der dem Beamten zugewiesene, durch örtliche und sachliche Zuständigkeit umschränkte Geschäftskreis, kein subjektives Recht, sondern eine Summe von Pflichten. Die ordnungsmäßige Berufung und Bestätigung begründet die Beamtenqualität, nicht die Ableistung des Diensteides.

Die Aeußerungen der Polizeibehörden sind solche des Staatswillens in Hinsicht auf Ausübung der Polizeihoheit. Die Polizeiverwaltung gipfelt in der Ministerialinstanz, in der Provinz führt sie der Oberpräsident, dem der Provinzialrath zur Seite steht, im Regierungsbezirke der Regierungspräsident, welchem der Bezirksausschuß zugeordnet ist. Kreispolizeibehörde ist der Landrath, der zugleich den Vorsitz im Kreisausschusse führt. Letzterer und der Bezirksausschuß sind zugleich Verwaltungsgerichte, über denen das Oberverwaltungsgericht in Berlin steht.

Die Behörden haben neben den Leitern und Mitgliedern derselben theils in der inneren Verwaltung dienende Beamte (Sekretäre, Schreiber), theils lokal nach außen hin die Anordnungen der Vorgesetzten unmittelbar ausführende oder die Ausführung unmittelbar überwachende Exekutivbeamte. Ueber die Uniformirung der Letzteren sind bestimmte, mannigfach wechselnde Anordnungen getroffen. (S. bes. V. M. Bl. S. 226 de 95. Kab. O. v. 13./10. 95.)

Nicht nur die definitive, sondern auch die probeweis erfolgende Einberufung bedarf der Bestätigung, abgesehen von der nur ganz kurze Zeit in Aussicht genommenen aushülfsweisen Vertretung. Wenn sie polizeiliche Functionen haben, sind auch Nachtwächter, Waldwärter pp. Polizeibeamte. Solche müssen auf Lebenszeit angestellt werden, da sie nicht rein mechanische Dienstleistungen verrichten, wie Straßenkehrer, Heizer. Bei der Besetzung sind Militäranwärter in erster Linie zu berücksichtigen. Diese brauchen sich einer informatorischen Beschäftigung nicht zu unterziehen. (M. R. 31./12. 1894.) Die Militärdienstzeit wird bei der Pensionirung mit berechnet, Ges. v. 22. Mai 1893, R. G. E. v. 27./2 1896.

Ueber Landes- und Orts-Polizei s. oben.

2. Polizeiverwalter. Sehr complicirt sind die Aufsichtsverhältnisse in der Lokalinstanz. Während die polizeilichen Verfügungen der Lokalbehörde der Nachprüfung des Landraths bezw. des Kreisausschusses unterliegen (§ 127 L. V. G.), und der Landrath in Stadt und Land die Polizeiverwaltung überwacht und Organ des Regierungspräsidenten ist (§ 77, 76 Kr. O. § 36 Vo. v. 30. April 1815 G. S. S. 85), auch in diesen Beziehungen durch den Kreissekretär, der Polizeibeamter ist, vertreten werden kann, unterliegen die nicht polizeilichen Verfügungen des Amtsvorstehers der Beschlußfassung des Kreisausschusses und führt im Uebrigen der Landrath als Vorsitzender des Letzteren die Aufsicht über die Geschäftsführung des Amtsvorstehers, wobei er sich nach § 136 der Kr. O. vom Kreissekretär nicht vertreten lassen kann (§ 67 Kr. O.) ebensowenig wie bei der Ausübung der Staatsaufsicht über die Landgemeinden und Gutsbezirke (§ 139 Land-

gemeindeordnung) und noch weniger bei der commissarischen Führung der Communalaufsicht über die Städte, die sonst dem Regierungspräsidenten obliegt (§ 7 Zust. G.). Ordnungsstrafen gegen Amtsvorsteher (formelle Warnung, formeller Verweis, Geldstrafe) setzt der Kreisausschuß bezw. der Regierungspräsident fest (s. § 68 Kr. O.). Ueber die Entfernung aus dem Amte s. ebenda. Nicht formelle, objective Mahnungen und Mißbilligungen auszusprechen, muß dem Landrathe als Vorgesetzten in Polizeiangelegenheiten, trotzdem ihm ein Ordnungsstrafrecht gegen Amtsvorsteher nicht zusteht, verstattet sein. Da der Mangel des Ordnungsstrafrechtes nicht nur gegenüber den Ehrenamtsvorstehern, sondern auch gegenüber den commissarischen, besoldeten Amtsvorstehern besteht, so kann dem Landrath auch kein Ordnungsstrafrecht gegenüber den städtischen Polizeiverwaltern zugemessen werden.[1]) Hier ist das Disciplinarverhältniß durch §§ 7,20 Zust. Ges. geregelt. Ueber die Amtsanwälte s. § 55 ff. des Disciplinargesetzes vom 21. Juli 1852 und §§ 15, 16 Ges. v. 9. April 1879 (G. S. S. 345). / §§ 78, 80 Ges. v. 24. April 1878 (G. S. S. 245 Ueber Rechte der Aufsichtsinstanzen s. a. § 50 L. V. G. u. § 100 Disciplinargesetz sowie O. V. Ger. v. 2./7. 79 Bd. V. S. 75 und M. Erl. v. 5. Juli 1866 (M. Bl. S. 133). Die Thätigkeit des Ortspolizeiverwalters selbst an sich zu ziehen, hat der Landrath keine Befugniß; nur im Nothfalle, d. h., wenn Abhülfe nicht anders möglich ist, erwirbt er dies Recht O. V. G. II S. 416. Er leitet die Communalverwaltung des Kreises. Als Organ der Regierung befördert er auch in Communalsachen die Correspondenz der Gemeindebehörden (Dörfer, Städte unter 10,000 Einw., Gutsbezirke) an die Regierung. (V. v. 30./4. 1815. G. S. S. 85 § 36) / (M. R. 26./1. 60. M. Bl. S. 17.) Vertreten wird der Landrath als solcher in der Regel durch den Kreissekretär; als Vorsitzender des Kreisausschusses und Kreistages aber durch das vom Kreisausschusse dazu gewählte Mitglied und zwar nicht nur in den Sitzungen sondern für den gesammten Dienst als solcher. Für längere Behinderungen wird ein Kreisdeputirter zur Vertretung beordert, eventuell auch ein Assessor oder Referendar als Commissar. Die Stellvertretung des Amtsvorstehers ist gemäß der Kreisordnung ein für alle Mal geordnet. Für den Fall, daß der Amtsvorsteher durch ein privates Interesse seiner Selbst oder seiner Angehörigen an der Regelung einer Angelegenheit persönlich be-

[1]) Falls er dennoch eine Disciplinarstrafe verhängt, ist die Beschwerde gegeben, nicht die Klage. Pr. V. Bl. X. S. 26. S. auch Oertel, Reformges. S. 147.

theiligt ist, hat, was sehr oft übersehen wird, nicht der Stellvertreter, sondern ein zu dem Zwecke eigentlich besonders zu erwählender, vielfach aber ein für alle Mal vom Kreisausschusse gewählter Vertreter sich der Erledigung zu unterziehen. (§ 57 Kr. O.) Siehe auch § 61: Bestellung eines Commissars in Wege- und Wasserpolizeiangelegenheiten, wenn mehrere Polizeibezirke in Frage kommen. Für seinen Bezirk ist der Amtsvorsteher Wege- und Wasserpolizeibehörde. Die daneben etwa bestehende Deichpolizeibehörde ist nicht Wasserpolizeibehörde im Sinne des § 66 Zust. Ges. Die Aufsicht des Staates über die Verwaltung der Amtsverbände wird zunächst vom Landrathe als Vorsitzendem des Kreisausschusses geübt (§ 5 Zust. Ges.) Die Stellvertretung findet auch hier nicht durch den Kreissekretär statt.

Die Obliegenheiten des Amtsvorstehers sind in den §§ 59, 60, 63 K. O. aufgezählt. Er ist Hülfsbeamter, aber nicht Beamter der Staatsanwaltschaft (Vf. v. 15./9. 79 J. M. Bl. S. 349), desgl. die städtischen Bürgermeister, welche nach § 62 der Städteordnung v. 30. Mai 1853 die Ortspolizei verwalten, wo dieselbe nicht Königlichen Behörden übertragen ist. Die Polizeiverwaltung kann auch einem Magistratsmitgliede aufgetragen werden, das sie dann selbstständig ausübt. In Hannover führt der Landrath oder seine Hülfsorgane die örtliche Polizei auf dem Lande, in den Städten der Magistrat oder besondere städt. Polizeidirectionen, in Hessen-Nassau und den Rheinlanden der Bürgermeister, in Westphalen der Amtmann, in Posen der Districtscommissar. Das Nähere siehe in den bezüglichen Kreisordnungen, für Posen G. v. 19. Mai 1889, Cab. O. v. 10. Decbr. 1836, Instr. v. 87. Ueber Haftbarkeit von Beamten und Vertretung für Versehen s. Anm. 8 zum Ges. v. 11. Mai 1842 (oben). Die Gemeinde ist für ein Versehen der Beamten bei Ausübung der Polizei nicht haftbar, da die Polizei für den Staat geführt wird. R. G. Erk. s. Selbstv. 1894 S. 75.[1]) — Die Communalpolizeibehörden und -Aemter haben das Prädikat „Königliche" Polizeiverwaltung nicht. Dies könnte zur Verwechselung mit den Kgl. Polizeidirectionen führen. M. R. 28./1. 53 S. 46 u. M. R. v. 15. Juni 1874 M. Bl. S. 159. —

Den Bürgermeistern in Städten über 10,000 Einw. stehen übrigens die Diäten der Polizeidirectoren zu, wenn sie Dienstreisen in Staatsangelegenheiten machen müssen. (V. v. 5./2. 1872 M. Bl. S. 75).[2])

---

[1]) Der Staat haftet auch nur für schuldhafte Thaten seiner Willensorgane innerhalb ihrer Competenz in vermögensrechtlicher Beziehung. S. R. G. E. v. 13./5. 1893 Selbstv. 1893 S. 694.

[2]) Ges. v. 21./6. 97.

Die Gemeinden können sonst durch Ortsstatut, das bestätigt werden muß, die Frage regeln. Diese Statuten haben auch gegen Dritte Gültigkeit (O. V. G. 1894). Ob dies auch für Beamte zutreffend ist, welche als Zeugen und Sachverständige in Angelegenheiten ihres Dienstes vernommen werden, erscheint fraglich, weil die Gerichte nur *allgemeine* Satzungen *ex lege* den Liquidationen zu Grunde legen (§ 14 Gebührenordnung v. 30./6. 1878 R. G. Bl. S. 173). Das Verhältniß der Beamten zu den Gemeinden gehört an sich dem öffentlichen Rechte an, kann daher durch Vertrag nicht geändert werden und hat nur in Bezug auf die Dienstbezüge auch eine privatrechtliche Seite. Für die subalternen Polizeibeamten kann die Aufsichtsbehörde Gehältererhöhung und verbesserte Anstalten fordern. Im Weigerungsfalle wird die nöthige Summe von der hierzu berufenen Behörde zwangsweis in den Etat gestellt, wofür besonderes Verfahren vorgeschrieben ist. — Ueber die Zulässigkeit der Uebernahme von Nebenämtern und Nebenbeschäftigungen entscheidet der Regel nach die Aufsichtsbehörde. — Bis zur Herstellung der Gesundheit muß dem kranken Beamten Urlaub *ohne Gehaltsabzug* gewährt werden, desgleichen für die militärischen *Pflicht*übungen. Auch bei sonstigem Urlaube hat der Beamte Anspruch auf Dienstbezüge und zwar für 6 Monate, davon die ersten 6 Wochen auf das volle Gehalt, für den Rest auf die Hälfte. Cab. O. v. 15./6. 1863 V. M. Bl. S. 137, welche nach M. R. v. 9./4. 1837 (Kamptz's Annalen S. 346) auch auf Communalbeamte Anwendung findet. — Ueber Amtsdelicte s. Abschnitt 28 des Strafgesetzbuches. Ueber die Erhebung des Conflictes betr. Amts- und Diensthandlungen, welche den Grund zu einem civil- oder strafgerichtlichen Verfahren gegen den Beamten abgeben sollen, s. Ges. v. 13. Februar 1854. Ueber die Nothwendigkeit der Mißbilligung der etwa voraufgegangenen polizeilichen Verfügung durch die obere Instanz, um die Eröffnung des gerichtlichen Verfahrens zu ermöglichen, und die Wirkung des Irrthums beim Beamten s. ob. zu § 6 Ges. v. 11. Mai 1842. Der Beamte ist verpflichtet, über die Angelegenheiten seines Dienstes Amtsverschwiegenheit zu beachten, sofern die Angelegenheit nicht etwa öffentlich verhandelt ist.

Cab. O. v. 21. Nov. 1835
Reichsges. v. 31. März 1879, auch verbunden, gegen die Maßnahmen der Regierung und ihr Wahlprogramm sich nicht agitatorisch zu verhalten. Zeugniß in Dienstangelegenheiten darf er nur mit Genehmigung seiner vorgesetzten Behörde ablegen. (§ 53 Strafproc. O.) Er hat den *Dienstanweisungen* seiner Vorgesetzten Folge zu leisten (s. zu § 50 L. V. G), welche vollkommene Dienstinstructionen (Verwaltungsverordnungen) zur Ausführung von Gesetzen nach Maßgabe dieser er-

lassen können. Die Rechtmäßigkeit derselben, d. h. ihre Zulässigkeit nach dem Gesetze zu prüfen, ist der Beamte nicht nur berechtigt, sondern auch verpflichtet, desgl. bei Polizeiverordnungen. Wendet er eine formell oder materiell ungesetzmäßige Verordnung an, so setzt er sich der Regreßnahme aus (s. unten.)

Ueber Widerstand gegen die Staatsgewalt s. §§ 113, 114 R. Str. G. B. Die Polizeibeamten sind befugt, bei Unglücksfällen, gemeiner Gefahr oder Noth, Personen, welche dann nach § 113 a. a. O. den Schutz einer Bürgerwehr genießen, zur Hülfeleistung aufzufordern und zwar mit der Maßgabe, daß, wer ihrer Aufforderung keine Folge leistet, sich strafbar macht, vorausgesetzt, daß er sich nicht erheblicher eigener Gefahr aussetzen würde. § 360 [10] R. Str. G. B. Ueber die Heranziehung von Mannschaften bei Waldbränden s. §§ 44, 4 F. F. P. G. und M. Bl. 1893, S. 138. Ueber die Requirirung militärischer Hülfe bei Feuersgefahr K. O. v. 29./8 1818 (G. S. S. 155), bei Wassersnoth Circ. v. 7./4 1891 (V. M. Bl. S. 50.) Der Gewalt der Polizei ist Jedermann unterworfen, auch Ausländer, ebenso Dienstvorgesetzte in ihren Privatverhältnissen, Militärs; gegen Behörden [1]) ist Ausführung des Zwanges nicht zulässig, sondern Abhülfe im Beschwerdewege zu erzielen (§ 153 Anhang zur Allg. Gerichtsordnung Bd. I, Tit. 24, O. V. G. Bd. II, S. 399), wohl aber gegen juristische Personen (Ackercorporation, Actiengesellschaften.) — Nur die Polizeiexekutivbeamten (wozu weder der Kreissekretär noch die Amtsvorsteher, gehören) können nicht Gemeindeverordnete sein. cf. § 53 [4] L. G. O., nicht Stadtverordnete aber alle Polizeibeamten, § 17 St. O. Hierzu gehören auch die Bahnpolizeibeamten. O. V. G. v. 3./6 1893. Dagegen können die Polizeibeamten außer den unmittelbar vollstreckenden Schöffen oder Geschworene sein. (M. R. v. 21. Nov. 1890, V. M. Bl. S. 236) § 34 Ger. Verf. Ges. Mitglieder einer Behörde, welche an „Partei"-Handlungen der letzteren Theil genommen haben, sind als Richter in dieser Sache ausgeschlossen. O. V. G. Bd. 16, S. 428, Bd. 27, S. 309, 102. Beamte können ihr Amt, sofern Kündigung nicht besonders ausgemacht ist, ohne Innehaltung einer Frist, jederzeit niederlegen, sofern nicht das öffentliche Interesse dadurch verletzt wird, oder über die Besetzung der Stelle Bestimmung noch nicht getroffen ist. (§§ 95, 97 II 10 Allg. Landrechts.) — Ueber Defecte s. Ges. v. 24./1. 1844 G. S. S. 52.

---

[1]) Hängt eine strafbare Handlung eines Beamten mit seinem Amte zusammen, so empfiehlt es sich, mit den Vorgesetzten desselben ins Benehmen zu treten.

Von der geschlossenen Ehe haben die unmittelbaren Staatsbeamten ihren Vorgesetzten Anzeige zu machen. M. R. v. 7./4 97, V. M. Bl. S. 52.

Der Landrath kann nicht zugleich Amtsvorsteher sein.

3. Polizeikosten. In denjenigen Stadtgemeinden, in welchen die örtliche Polizeiverwaltung königlich ist, bestreitet der Staat alle durch diese Verwaltung entstehenden Ausgaben, und zwar sämmtliche Dienstbezüge, d. h. Besoldungen, Remunerationen, Wohnungsgeldzuschüsse, Lokal- und Stellenzulagen, Dienstaufwands-, Miethsentschädigungen, Equipagen- und Pferdeunterhaltungsgelder, Pensionen und Wartegelder der Polizeibeamten, einschließlich der Kosten für das Nachtwachtwesen, Wittwen- und Waisengelder solcher Beamten, Fuhr- und Transportkosten, Miethen für Dienstwohnungen, Kosten für Bekleidung und Ausrüstung der Schutzmannschaft und der Nachtwächter, für Bureaubedürfnisse, für Beschaffung und bauliche Unterhaltung der Polizeidienstgebäude, Polizeigefängnißkosten und „besondere" Ausgaben im Interesse der örtlichen Polizeiverwaltung (§§ 1, 2 Ges. v. 20./4. 1892 G. S. S. 87). Das Wort „besonders" ist durch den Zusatz „im örtlichen Interesse" genügend erläutert: Das Gesetz kann nicht alle lokalen Verhältnisse von vornherein kennen und berücksichtigen, deshalb führt es, um die Abwälzung dieser Kosten auf die Städte zu vermeiden, die „besonderen" Kosten auf, die das jeweilige lokale Interesse nothwendig machen kann. Selbstredend können unter diesen aber nur „gleichartige" wie die förmlich aufgeführten Kosten verstanden werden. Allerdings läßt der Ausdruck „durch die Verwaltung entstehenden Ausgaben" Zweifel darüber zu, was hierunter verstanden sein soll. Der Nachsatz hellt den Zweifel aber auf. Es fallen also hierher nicht die Kosten, welche über diejenigen der Einrichtung und Unterhaltung der Anstalten und des Beamtenapparates hinausgehen und erst durch die Entfaltung der polizeilichen Thätigkeit hervorgerufen werden. Während also die Kosten für Hülfskräfte dem Staate zur Last fallen, bezahlt z. B. die Stadtgemeinde die Kosten der Zwangs-Heilung armer Syphilitischer. (O. V. G. Bd. XXVII. S. 63, 75. Reichsgericht 24./6. 1895. Selbstv. 1896. S. 104.)

In den anderen städtischen Polizeibezirken bezahlt die Gemeinde sowohl die mittelbaren wie die unmittelbaren, sowohl die persönlichen wie die sachlichen Kosten auf Grund des § 3 Ges. v. 11./3. 1850. Sie muß eintreten, wenn sich für die Erfüllung polizeilicher Anordnungen ein sonst nach öffentlichem Rechte Verpflichteter z. B. bei einer Räumungsverfügung nicht finden läßt. Das Gleiche gilt von der Amtskasse, welche nach §§ 69, 70 Kreisordnung die Polizeikosten nicht auf die betr. Gemeindekasse abwälzen kann. Zu den Polizeikosten gehören insbesondere diejenigen für Unterhaltung der Polizeigefängnisse, der Verpflegung und Heilung der Polizeigefangenen bis zum Tode, für Controlirung der Prostituirten, für veterinärpolizeiliche Ueberwachung der Viehmärkte. Dagegen bezahlt der Staat die Veterinärkosten bei Seuchenausbruch und Seuchenverdacht, und die Unternehmer die Kosten der Ueberwachung von Vieh und Fleischwaaren in Gasthöfen bezw. Läden. Für den Fall des Eingreifens der Landespolizeibehörde s. O. V. G. Bd. XIV S. 25 und Bd. XVII S. 23.

Der § 3 G. v. 11./3. 1850 verpflichtet die Stadtgemeinden bezw, die Amtsbezirke nur subsidiär. Ist ein anderer Pflichtiger vorhanden. hat zunächst dieser die Kosten zu tragen. So fallen die Kosten, welche durch Requisitionen der Staats- und Amtsanwaltschaft sowie der Gerichte entstehen, dem staatlichen Criminalfonds zur Last, die vor solcher Requisition entstandenen aber nur dann, wenn Urtheil erfolgt ist. cf. M. R. v. 11./12. 94, No. 4822 Vf. v. $\frac{\text{15 October 1865}}{\text{10 Februar 1866}}$ V. M. Bl. $\frac{\text{1865 S. 282}}{\text{1866 S. 23}}$, s. auch J. M. Bl. Prävalirt der communale Character, so haben in den Landpolizeibezirken die Gutsbesitzer bezw. die Landgemeinden die Kosten zu tragen. S. L. G. O. § 122. Die Unterbringung armer Minorenner liegt auch in eiligen Fällen nicht der Polizei sondern der Armenbehörde ob. Das Vormundschaftsgericht ist alsbald zu benachrichtigen, um weitere Entscheidung zu treffen. In den zusammengesetzten Amtsbezirken werden die Kosten der Amtspolizeiverwaltung nach Vereinbarung oder nach Maßgabe der Kreissteuern aufgebracht (§ 70 Kr. O. cf. § 71 eb.). Ein Ersatz von Reisegeldunterstützungskosten findet durch die Armenverbände in der Regel nicht statt, sondern nur dann, wenn die Hilfsbedürftigkeit bei kranken Personen zu Tage getreten ist, welche soeben aus der Krankenpflege kamen oder in dieselbe hineingehen sollen. Wohlers, Entscheidungen des Bundesamts Bd. 22 S. 149 und Bd. 23 S. 89. Die Pflicht zur Unterbringung Obdachloser hat die Polizei; die Gastwirthe können aber nicht gezwungen werden, Jemand aufzunehmen. Deswegen muß sich die Polizeiverwaltung nöthigenfalls vertraglich ein Unterkunftslokal sichern. — Die Kosten sachverständiger Gutachten (Abschätzungen, Bautenprüfungen) trägt ebenfalls die Polizei und darf sie nicht von den Privaten fordern. Gemeinden und Amtsbezirke können aber Gebühren nach Maßgabe des § 6 Communalabgabengesetzes vom 14. Juli 1893 erheben. Bei Kgl. Pol. Verw. s. M. R. v. 1./4. 96., M. Bl. S. 68. In Amtsbezirken bedarf die Ordnung der Genehmigung des Kreisausschusses. B. v. 2. Jan. 1895. Wegen der Rechtsmittel siehe hier § 70a Kr. O. Geldstrafen und Exekutivstrafen fallen der Polizei zu, bezw. dem, welcher die Kosten derselben trägt, sofern nicht besonderes darüber verordnet ist. § 7, G. v. 23./4. 1883. Erl. v. 8./9. Juni 1883.

4. Hülfsorgane. Nach § 59, 60 Kr. O. hat der Amtsvorsteher wie die anderen Polizeiverwalter das Recht und die Pflicht, da, wo die Erhaltung der öffentlichen Ordnung, Ruhe und Sicherheit sein Einschreiten nothwendig macht, das Erforderliche anzuordnen und ausführen zu lassen, zumal dann einzugreifen, wenn strafbare Handlungen (auch auf landespolizeilichem Gebiete) vorgenommen werden. Da er aber nicht den ganzen Amtsbezirk persönlich beobachten kann, so hat nach § 90 L. G. O. der Gemeinde- bezw. Gutsvorsteher (§ 123 eb.) dieselben Befugnisse, wo ein sofortiges polizeiliches Einschreiten geboten ist, z. B. Festnahme, Verwahrung. Nach § 65 Kr. O., § 91 LGO. sind die Gemeinde- und Gutsvorsteher verbunden, den Anweisungen und Aufträgen der Amtsvorsteher nachzukommen, sofern derselbe sie in Gemäßheit seiner gesetzlichen Befugnisse in Dienstangelegenheiten an sie erläßt, und können hierzu von ihm mit Zwangsmitteln (§ 132 L. V. G.) mit Ausnahme der Haftstrafe angehalten werden. Insbesondere haben sie die von dem Amtsvorsteher sowie die von der Staats- und Amtsanwaltschaft aufgetragenen polizeilichen Maßregeln auszuführen und Verhandlungen aufzunehmen. Ein formelles Ordnungsstrafrecht steht aber dem Amtsvorsteher gegen die Gemeinde- und Gutsvorsteher nicht zu, sondern nach § 143 L. G. O. nur dem Landrathe bezw. Regierungspräsidenten. Die Verfügungen der ihm vorgesetzten Behörden wie die Gesetze und Verordnungen hat der Gemeinde- und Ortsvorsteher auszuführen. (§ 88 eb.)

Auch die Gensdarmen haben den Requisitionen des Amtsvorstehers in polizeilichen Angelegenheiten zu genügen. Der Dienstaufsicht des Amtsvorstehers unterliegen sie nicht. „Hülfsbeamte“ der Staatsanwaltschaft sind die Gensdarmen nicht (R. G. Ent. 24./10. 84. Bd. XI S. 175), wohl aber die Gemeinde- und Gutsvorsteher. Die Gensdarmerie hat die Pflicht, die Polizeibehörden zu unterstützen; sie ist militärisch organisirt und dem Landrathe mitunterstellt.

„Beamte“ der Staatsanwaltschaft können nicht Gemeindeverordnete sein. Hierzu gehören aber die „Hülfsbeamten“ nicht. M. Bl. 90 S. 236. Exekutivbeamte sind die Guts- und Gemeindevorsteher nicht, wohl aber die Gensdarmen und Amtsdiener. Gleichwohl können die Amts-, Gemeinde- und Gutsvorsteher gelegentlich einmal selbst einen Vollstreckungsact vollziehen und genießen dann denselben Schutz wie die Exekutivbeamten. M. R. v. 21./11. 90. M. Bl. S. 236. Die städtischen Polizeiverwalter können gegen die Unterbeamten auch Arreststrafen verhängen, der Amtsvorsteher aber nicht; hier steht das Recht nur dem Landrathe zu. S. M. Bl. 53 S. 263. Die Vollstreckung des Arrests wird durch Einreichung der Beschwerde aufgeschoben. M. R. v. 3. Mai 1889. M. Bl. S. 119.

Der Amtssecretär ist in der Regel Privatbeamter des Amtsvorstehers, selten wohl vom Amte öffentlich-rechtlich angestellt. Er darf jedenfalls auch im letzteren Falle den Amtsvorsteher nicht vertreten, mindestens nicht nach außen hin, im ersteren Falle auch nicht Zustellungen von sog. Strafmandaten beurkunden. (Ges. v. 23./4. 1883.) Die Polizeisecretäre sind Polizeibeamte und bedürfen daher der Bestätigung, Polizeiexekutivbeamte sind sie nicht.

Auch die Feuerlöschdirectoren, Brandinspectoren u. dergl. sind Polizeibeamte und zur Bestätigung vorzuschlagen. Exekutivbeamte sind diese Aufsicht führenden Beamten aber ebenfalls nicht, weil sie nicht unmittelbar ausführende Organe sind.

Sämmtliche Hülfsorgane sind mit ausführlichen Instruktionen zu versehen, soweit dies erforderlich ist, um eine den Zwecken und Interessen der Polizei in jeder Richtung entsprechende Thätigkeit derselben zu gewährleisten. Unterläßt dies der Polizeiverwalter, so macht er sich selbst verantwortlich. Das Recht, Personen zur Legitimirung aufzufordern (§ 3 Ges. v. 12./10. 1867), oder zu sistiren, darf von ihnen insbesondere nicht unnöthig oder zur Chikane benutzt werden. Die Gemeinde- und Gutsvorsteher üben, abgesehen von dem Gebiete der Criminalpolizei, welche ihnen auch die Erforschung strafbarer Handlungen ohne Auftrag zuweist, eine selbstständige Verfügungsgewalt außer dem Rechte des unmittelbaren Eingreifens im Falle der Noth, nicht aus. Ihre Anordnungen sind auch nur „vorläufige", bedürfen also der nachträglichen Genehmigung durch den Amtsvorsteher. Selbstständige Rechtsmittel gegen solches Einschreiten sind deswegen nicht gegeben. (L. G. O. § 90.)

5. (Zu § 5.) Polizeiverordnungsrecht. Dasselbe wird geregelt durch das Ges. vom 11. März 1850 in Verbindung mit §§ 136 bis 145 des Landesverwaltungsgesetzes, § 62 Kr. O. und § 63 Städteordnung vom 30. Mai 1853, auf welche hiermit verwiesen wird. Hier interessirt nur das rein lokale Pol. Verordnungsrecht. Die Befugniß, Vorschriften über Gegenstände der Strom-, Schiffahrts- und Hafenpolizei zu erlassen, steht den Lokalbehörden nicht zu (§ 138). Der Regierungspräsident hat über die Art der Verkündigung orts- und kreispolizeilicher Vorschriften sowie über die Form, von deren Beob-

achtung die Gültigkeit derselben abhängt, zu bestimmen (§ 144). Die Bezeichnung „Polizeiverordnung" wird allgemein bestimmt sein. (§ 140) S. unten Anm. 8.

Ueber den Begriff „Sicherheitspolizei" schwanken die Auffassungen. (cf. den Königl. Befehl vom 29. April 1812.) Hier sind mit Brauchitsch dem Gebiete der Sicherheitspolizei alle Normen zuzurechnen, welche und soweit sie den Zweck haben, Gefahr von dem Gemeinwesen oder Einzelnen abzuwehren, bezw. die Sicherheit von Person und Eigenthum zu schützen, im Gegensatze zu denjenigen Bestimmungen, deren Ziel ist, die öffentliche Ordnung und Wohlfahrt positiv zu fördern. (cf. Rosin P. V. R. II. Aufl. S. 244 ff.) —

Ortspolizeiliche Vorschriften, soweit sie nicht zum Gebiete der Sicherheitspolizei gehören, bedürfen in Städten der Zustimmung des Gemeindevorstandes, sonst genügt die Berathung mit demselben (§ 143). In Fällen, welche keinen Aufschub zulassen, ist die Ortspolizeibehörde befugt, die Polizeivorschrift vor Einholung der Zustimmung zu erlassen. Wird diese Zustimmung nicht innerhalb von einer Woche nach dem Tage der Publikation der Polizeivorschrift ertheilt, so hat die Behörde die Vorschrift außer Kraft zu setzen (ebenda). Betrifft eine Verordnung als untrennbares Ganzes zugleich Sicherheitspolizei und Anderes, so ist nur die Berathung erforderlich; denn man kann die Abwendung von Gefahren nicht von dem ungewissen Zustandekommen eines Majoritätsbeschlusses abhängig machen. Versagt der Gemeindevorstand die Zustimmung, so kann dieselbe durch den Bezirksausschuß ergänzt werden (ebenda). Bei Verordnungen über den Marktverkehr nach § 69 Gew. O. ist das Einverständniß des Gemeindevorstandes nöthig. In Stadtkreisen kann die Polizei bis 30 Mark Strafe androhen, sonst muß der Regierungspräsident (statt der Regierung) hierzu die Genehmigung geben (§ 144). Betreffs der Zustimmung des Amtsausschusses s. § 62 Kreisordnung. Wo kein collegialer Gemeindevorstand vorhanden ist, tritt der Bürgermeister an dessen Stelle. Tit. VIII St. O. —

Wo nicht schon das Strafgesetzbuch pp. die Strafe für Uebertretung zu erlassender Polizeiverordnungen vorschreibt, ist eine bestimmte Summe von Geldstrafe oder ein Maximum und Minimum festzusetzen. Die Umwandlung von Gefängniß in Haft (Allg. Land-Recht II 20 § 35) erfolgt nach dem Reichsstrafgesetzbuche § 18, die Substituirung von Freiheitsstrafe nach § 28 und 29 ebenda. Statt Gefängnißstrafe bis zu 6 Wochen tritt jetzt Haft ein. R. Ger. Bd. XIII S. 93. Eine Geldstrafe von weniger als 1 Mark, welche landesgesetzlich zulässig ist, kann nicht in Freiheitsstrafe umgewandelt werden, denn die Bemessung der Strafe nach Bruchtheilen eines Tages wird nicht für statthaft erachtet. R. Ger. Bd. 9 (Rechtsprechung) v. 9. Juni 1887. Die Substituirung der Freiheitsstrafe soll nach einer Anordnung des Ministers dem Strafbefehle pp. vorbehalten bleiben (s. Wortlaut des § 5), also nicht in die Polizeiverordnung aufgenommen werden.

6. Zu § 6. Der Grund der Schaffung des Polizeiverordnungsrechtes ist die Nothwendigkeit, den rasch wechselnden Bedürfnissen des Lebens durch entsprechend unterrichtete Behörden geeignete Regelung angedeihen zu lassen. Die Verordnungen sind durch generelle oder specielle Delegation des Gesetzgebers berechtigte, an bestimmte Form und Verkündigungsart geknüpfte Willenserklärungen des Staates bezw. polizeilicher Organe regelmäßig allgemeiner Natur und zwar Rechtsvorschriften, enthaltend auch praeter legem gehende Befehle, welche an die im Geltungsbezirke befindlichen Mitglieder des Publikums aus Gründen der Nothwendigkeit oder Zweckmäßigkeit im öffentlichen Interesse ergehen und deren natürliche Rechtssphäre beschränken. Sie drohen hinsichtlich bestimmter, abstract vorhergesehener Thatbestände für den Fall der concreten Verwirklichung die Bestrafung des Uebertreters an, während die Polizeiverfügungen es von vornherein mit concreten Fällen zu thun haben. Dort ist die Strafe öffentlich criminell, hier eine interne Zwangsmaßregel, welche des ahndenden Characters der polizeilichen oder gerichtlichen Strafverfügung bezw. des Urtheils entbehrt.

Wie schon oben bei § 10 II. 17. Allg. L. R. bemerkt ist, sind die äußeren Unterscheidungsmerkmale zwischen Polizeiverfügung (Zustellung an ein Individuum) und Polizeiverordnung (Publikation für die Allgemeinheit), so sehr dies auch scheint, characteristische Kennzeichen derselben nicht, denn es ist unter Umständen möglich, a) daß eine Polizeiverordnung einen concreten Fall regeln soll, und b) andererseits, daß für die Bekanntgabe einer polizeilichen Anordnung eine amtliche Zeitungspublikation genügt. (a. Die Besitzer eines Grundstücks sollen das Anlegen von Kähnen gestatten, b. die Anlieger sollen einen Graben räumen.)

Es sind aber andere zahlreiche Unterschiede vorhanden: Die Executive der Localpolizei befaßt sich lediglich mit den in § 10 II 17 gestellten Aufgaben (bestritten), und das Polizeiverordnungsrecht hat es mit der Wohlfahrtspflege im weitesten Sinne zu thun (bestritten.) Hierauf soll unten besonders eingegangen werden.

Während der Zweck beider Rechte wesentlich gleichartig ist, nämlich die Beschränkung der natürlichen Handlungsfreiheit durch Gebot von Unterlassungen, Duldungen und Handlungen zum Besten der Gesammtheit, so ist doch das Eingreifen der Polizei auf Grund beider Rechte ein verschiedenartiges. Die Polizeiverordnung gewährleistet bei Bindung

Aller, die sie angeht, eine Gleichmäßigkeit der Behandlung der Einzelnen, während bei der Ausübung des Polizeiverfügungsrechtes eine mehr im Ermessen liegende Anordnungsweise gestattet ist. Während die Verfügung im Specialfalle das bestehende Recht (vorherige Regelung durch Gesetz oder Generalclausel) zur Anwendung bringen muß und bei vorliegender Ermessensbefugniß nur den Zeitpunkt der Erfüllung ruhender Pflichten angiebt, kann die Verordnung auf Grund der Ermächtigung im Polizeiverwaltungsgesetze für den abstracten Fall neue Pflichten begründen, wo polizeiliche Materien ausreichender gesetzlicher Regelung ermangeln (z. B. Straßenreinigung.) Diese Ansicht Rosin's (Polizeiverordnungsrecht S. 94, 142) wird vom Ob. Verw. Ger. nicht getheilt. (O. V. G. 8 S. 356), dagegen vom Kammergericht acceptirt. (20./5 86, Pr. V. Bl. Bd. VIII, S. 253 und v. 16./3 96, Selbstv. S. 429.) Das O. V. G. will nur die Regelung bestehenden Rechtszustandes zugeben. Damit ist aber keine klare Begrenzung gesetzt. Uebrigens ist es nicht der Fall, daß Alles, was zum Gegenstande des Polizeiverordnungsrechts gemacht werden kann, deswegen auch im Wege der Polizeiverfügung geregelt werden könne, wenn, wie die Litteratur annimmt, das Polizeiverordnungsrecht weiter geht, als das Verfügungsrecht.

Was ist nun Gegenstand des Verordnungsrechtes? Das Oberverwaltungsgericht nimmt an, dasselbe gehe nicht über das hinaus, was der Wortlaut des § 6 Ges. v. 11. März 1850 ergiebt, und, wo dieser die Grenze unsicher läßt: „lit. i., alles, was polizeilich geordnet werden muß", werde der § 10 II 17 Allg. Landrecht zur Ergänzung heranzuziehen sein, wie andererseits § 6 auch für das Exekutivrecht eine Ergänzungsclausel darstelle. Rosin ist dagegen der Ansicht, daß weder § 10 II 17 durch § 6 des Ges. v. 11. März 1850 ergänzt werde, noch umgekehrt[1]), daß vielmehr das Polizeiverordnungsrecht allein durch das Gesetz von 1850 geregelt werde, daß aber die Absicht des Gesetzgebers gewesen sei, dasselbe auf das gesammte Gebiet der Wohlfahrtspflege (s. ob.) auszudehnen. Bornhak tritt demgegenüber dem Ob. Verw. Gericht bei und nennt die Ansicht Rosins staatsgefährlich, weil das Polizeiverordnungsrecht dann uferlos sei. Hiermit wird die Richtigkeit der Anschauung Rosin's aber eher zugestanden als widerlegt. Es ergeben aber die Motive auch klar, daß der Gesetzgeber die Polizeiverordnungsgewalt als „Rest oder Complement der übrigen Zweige der Staatsgewalt" hat ordnen wollen. Das Gebiet der Polizei wird an

---

[1]) Die Annahme, der Gesetzgeber habe gewollt, daß 2 Gesetze sich gegenseitig ergänzen sollen, hat an sich schon keine Wahrscheinlichkeit für sich.

dieser Stelle ausdrücklich als „fast unbegrenzt“ bezeichnet und ebenso ausdrücklich gesagt: „In § 6 sind **einige Beispiele** aufgeführt; ferner besagen die Motive: „die §§ 5 ff. behandeln im Gegensatze zur exekutiven die reglementarische Polizeigewalt“. Das sind klare, nicht mißzuverstehende Worte. Wenn diese Motive etwa nicht acceptirt sein sollten, sondern das Gegentheil, so wäre dies ausdrücklich hervorgehoben worden. Ganz uferlos wäre das Polizeiverordnungsrecht auch sonst noch nicht. Nach dem Polizeibegriffe darf zunächst doch immer nur im Interesse des Gesammtwohles von dem Rechte Gebrauch gemacht werden; dann ist das Recht der Polizeibehörden durch die Zuständigkeitsbereiche von Specialbehörden an sich beschränkt. Den höheren Landespolizeibehörden kann man ferner ohne Weiteres nicht den Mißbrauch des Rechtes zutrauen[1]), zumal sich doch eine praktische Rechtsanschauung über die Gebiete der Polizei gebildet hat (Schulpolizei?), und andererseits besitzen die Oberbehörden das Aufhebungsrecht gegenüber den Lokalorganen, welche sogar ihre Verordnungsentwürfe vor dem Erlasse der vorgesetzten Polizeibehörde einzureichen haben. Damit erscheint denn die Staatsgefährlichkeit beseitigt. Nimmt man die Grundsätze an: „§ 10 II 17 regelt allein generell die Localexekutive“ und „das Polizeiverordnungsrecht kann sich generell auch, abgesehen von allen Specialcompetenzen, auf das Gebiet der Wohlfahrtspflege erstrecken[2]), so ist eine einfache Grundlage für die Polizeigewalten geschaffen[3]). (Wegen der Exekutive der Landespolizeibehörde s. oben beim Ges. v. 1808.) Die Annahme Biermann's, es habe sich ein Juristenrecht gebildet, wonach al. i. nur auf § 10 II 17 zu beziehen sei, ist gegenüber dem Befehle des § 6 A. L. R. Einl. ausgeschlossen. Ferner: Die Ansicht des Ob. Verw. Ger., daß auch auf Grund des § 6 Ges. v. 11. März 1850 „verfügt“ werden könne z. B. in Angelegenheit der Leichtigkeit des Verkehrs, widerspricht nicht nur den Motiven, sondern auch dem § 20 des Ges. selbst, welcher die Exekutive unberührt lassen will. Wollte man Gegenstände, die reglementarisch, d. h. für die Allgemeinheit geordnet werden sollen, im Verfügungswege erledigen, so würde die Gleichmäßigkeit der Behandlung erschüttert und der bewußten oder unbewußten Willkür Thor und Thür geöffnet sein, ja die Grundlage des Verfügungsrechts durch die dehnbaren Begriffe: „Fürsorge gegen gemeinschädliche und gemeingefährliche Handlungen, Unter-

---

[1]) Das beweist die bisher geübte weise Selbstbeschränkung.

[2]) Erscheint die Competenz zu umfassend, so mag sie gesetzlich beschränkt werden.

[3]) Mit Rücksichten der Aesthetik und Architektonik hat die Polizei ohne besondere Berufung dazu nicht zu rechnen. Ob. V. G. Bd. XX. S. 232.

nehmungen und Ereignisse, Sorge für Leben und Gesundheit, Schutz des Eigenthums, der Felder ꝛc." so gut wie wieder über den Haufen geworfen werden. Uebereinstimmend: Biermann S. 23. Wie sich andererseits alle die scheinbar rigorosen Detailbestimmungen in den lokalen Bauordnungen der Villen-Vororte großer Städte aufrecht erhalten lassen, wenn man als Gegenstand nicht die Wohlfahrtspflege annimmt, ist nicht abzusehen. Es erscheint vielmehr gekünstelt, dieselben durch die nöthige „Sorge für Leben und Gesundheit" zu rechtfertigen, und geradezu ausgeschlossen, diese Rechtfertigung aus lit. i. und damit dem § 10 II 17 Allg. Landrechts (Gefahr?!) vorzunehmen (s. O. V. G. Bd. 26 S. 323).

Die Polizeiverordnung steht dem Gesetze gleich. Weil dies der Fall ist, so kann man bei Eingriffen solcher in die private Rechtssphäre gegen sie direct nicht den Rechtsweg ebensowenig wie einem Gesetze gegenüber beschreiten. In dem Angriffe der auf Grund der Verordnung etwa erlassenen polizeilichen Verfügung, in dem Widerspruche gegen die Straffestsetzung gemäß der Verordnung und in dem Beschwerderechte bei der Aufsichtsinstanz sind genügende Rechtsmittel gegen den Inhalt der Polizeiverordnungen gegeben. Hierbei hat der Richter aber nur die gesetzliche Gültigkeit in Erwägung zu ziehen. Eine Prüfung der Nothwendigkeit oder Zweckmäßigkeit steht ihm nicht zu, ebensowenig der Frage, ob ein „besonderes", locales Interesse vorliegt, S. Bornhak in Selbstv. 1886, S. 153.

Der Polizeiverwalter hat die Gültigkeit der Polizeiverordnungen in materieller Beziehung, in Hinsicht des Zustandekommens und betreffs der Publikation zu prüfen, wenn er sich nicht durch Anwendung einer materiell oder formell ungültigen Verordnung regreßpflichtig machen will. R. G. v. 23./6 87, Rassow Bd. 32, S. 922. Hierbei ist zu bemerken, daß man heutzutage nach positivem deutschen Rechte die Frage verneint, ob für das sog. Polizeiunrecht im Gegensatze zum criminellen Unrecht besondere Grundsätze, besonders in Bezug auf die Schuld als Voraussetzung der Strafbarkeit gelten. (Rosin, Pol. V. R. II. Aufl. S. 59.)

Richter und Privater müssen die Verordnungen kennen, da sie geschriebenes Recht darstellen; es kann daher Niemandem der Beweis des Bestehens solcher auferlegt werden, und die Unkenntniß derselben schützt nicht. Bei den Polizeidelicten wird das vorsätzliche und das fahrlässige Handeln unter dieselbe Strafandrohung gestellt. Eine Schuld wird zum subjectiven Thatbestande stets erfordert. Deshalb kommt auch § 59 R. Str. G. stets zur Anwendung. cf. Olshausen, Strafgesetzbuch bei § 59, Contra Oppenhof, desgl. vor § 360. Ebenso bleibt bei den

Polizeidelicten das Erforderniß objectiver Rechtswidrigkeit bestehen. cf. Olshausen, Strafgesetzbuch. Versuch an sich, Beihülfe und Begünstigung sind straflos, Theilnahme und Anstiftung zur Uebertretung dagegen strafbar. Ausgeschlossen ist das System der mildernden Umstände. Die Möglichkeit, Einziehung in der Verordnung auszusprechen, ist nicht gegeben, da die Anwendung dieser Strafe nicht ausdrücklich bestimmt ist. „Besondere“ polizeiliche Interessen sind locale, d. h. sowohl hier acut gewordene (Viermann), als nur auf den Verhältnissen der Nachbarlichkeit beruhende. (cf. Rosin, P. V. R. S. 163.) „Polizeilich“ ist nicht aus § 10 II 17, sondern aus § 2, 3 II 13 A. L. R. zu erklären. (cf. Rosin, P. V. R. S. 130.)

Im Einzelnen ist noch zu bemerken:

a) Polizeiverordnungen können Competenzverhältnisse nicht verändern. Die Amtsvorsteher sind daher nicht in der Lage, ihr Polizeiverordnungsrecht den Gemeindevorstehern zu übertragen. O. V. G. 12./12. 93 Bd. 26 S. 380.

b) Ein Satz, daß eine Polizeiverordnung alle Personen und Verhältnisse gleich behandeln müßte, besteht nicht, sie kann daher Differenzen und Ausnahmen von vornherein für zulässig erklären. Sie braucht auch nicht nur absolute Bestimmungen zu enthalten, sie kann dem Ermessen der Behörde Spielraum gewähren. O. V. G. $\frac{\text{13./1. 94.}}{\text{31./1. 93.}}$ Selbstv. $\frac{\text{S. 261.}}{\text{S. 290.}}$ (Dispens S. No. 12.)

c) Die Verordnung muß kurz und bündig sein, so weit der Stoff es zuläßt, und Wiederholungen vermeiden.

d) In Polizeiverordnungen darf die Aufstellung einer Gebührentaxe nicht erfolgen. Solche dürfen nur auf Grund Gesetzes erhoben werden. cf. Verfassung Art. 102, Sporteltaxordnung v. 25./4. 1825, Ges. v. 22./11. 1842, L. G. O. §§ 17, 36 und das Communalabgabengesetz. Betr. Gebühren für Baukonsense siehe § 6 Comm. Abg. Ges. M. R. v. 1./4. 1896. V. M. Bl. S. 68.

e) Eine Verordnung kann auch zum Schutze ortsstatutarischer Bestimmungen erlassen werden. (Nichtanmeldung eines steuerfreien Hundes.) M. Bl. 1889. S. 224.

f) Die Haftbarkeit von Personen für Strafthaten anderer kann nicht ausgesprochen werden, jedoch kann die Verordnung die Unterlassung gebotener Aufsicht auf Kinder und beaufsichtigungsbedürftige andere Personen durch Vormünder, Eltern, Pfleger, Wärter, Dienstboten unter Strafe stellen. (cf. Rotering, Pol. V. Recht Anm. zu § 361[9].)

g) Eine Polizeiverordnung, welche die Zuständigkeit der Behörde überschreitet, inhaltlich und das Strafrecht anlangend, hat bis zur Grenze der noch eingehaltenen Competenz Gültigkeit.

h) Eine Verordnung kann auch auf Zeit erlassen werden, z. B. für die Dauer eines Manövers, einer Ueberschwemmung.

i) Nach Reichsger. Erk. Bd. 30 S. 245 v. 14./12. 92 wird den Pol. Verordnungen eine Wirksamkeit über die Grenzen der rein polizeilichen Anordnung hinaus auf das Gebiet des Privatrechts zuerkannt. (Recht, Vorbauten zu haben; gegenüber dem Nachbarrecht.)

7. Zu § 7. Die Zustimmung der Gemeindevertretung (Stadtverordneten-Versammlung) zu landwirthschaftlichen Polizeiverordnungen ist neben derjenigen des Gemeindevorstandes erforderlich. In den Amtsbezirken bleibt an deren Stelle der Amtsausschuß. (§ 62 Kreisordnung.) Vf. v. $\frac{13./5.\ 50}{12./5.\ 80}$ V. M. Bl. S. $\frac{138}{187}$, wonach dem Minister von landw. P. V. Kenntniß zu geben ist.

8. Zu § 8. Statt der sofortigen Einreichung einer Abschrift der Verordnung kann bestimmt werden, daß solche vor dem Erlasse stattzufinden habe. Nach § 77 der Kreisordnung hat der Landrath die gesammte Polizeiverwaltung im Kreise, also auch in Städten von 10000—25000 Einw. (§ 36 Vo. v. 30. April 1815) zu beaufsichtigen. Es kann aber auch die höhere Polizeibehörde neben der zunächst vorgesetzten die Vorlegung der Verordnung anordnen (M. R. v. 16. October 1887. V. M. Bl. S. 270), aber diese Vorschrift hat das Mißliche, daß die Publikation lange verzögert werden kann, wenn sie auch andererseits dem vorbeugt, daß unzulässige Verordnungen erlassen werden. Die Nichteinhaltung dieser Vorschrift macht die Polizeiverordnung nicht ungültig.

9. Verkündigung. Das Kammergericht legt dem Worte Polizei-„ver"ordnung sakramentalen Charakter bei, das Ob. Verw. Ger. begnügt sich damit, daß erhellt, die Polizei habe verordnen wollen (Baupolizeiordnung). Die Publikation im Amtsblatt kann vorgeschrieben werden und findet dann unentgeltlich statt. M. V. v. 18./5. 96. V. M. Bl. S. 112. Dem Publikationsblatte kann die Verordnung anliegen. Dann muß diese Beilage als solche bezeichnet und im Hauptblatt ein amtlicher Hinweis darauf sich befinden. Die Unterschrift ist mit zu publiciren.

10. Zu § 15. Ein Widerspruch gegen „ausschließende" Gesetze öffentlich-rechtlichen Inhalts (Rosin, Vo. R. S. 145) oder solche Verordnungen einer höheren Instanz liegen dann nicht vor, wenn die bezügliche Bestimmung Lücken aufweist, und es nicht erhellt, daß sie den Gegenstand habe endgültig regeln wollen, oder wenn es sich bei dem

Erlaß der neuen Polizeiverordnung um den Schutz eines anderen Rechtsgutes handelt, als desjenigen, mit dem die ältere Bestimmung es zu thun hat. Daß die Polizeiverordnung nicht bloß die Ausführung bestehender Pflichten zu regeln vermag, sondern auch neue Pflichten auferlegen kann, ist schon bei § 6 erörtert (s. dort). „Gesetz" im Sinne des § 15 ist übrigens nur das geschriebene. Dem Gewohnheitsrechte steht also das Polizeiverordnungsrecht frei gegenüber. Rosin, P. V. R. II S. 91. Privileg, exceptionelles subjectives Recht, im Wege der Gesetzgebung entstanden, ist besonderer Befreiungsgrund (eb. S. 92, s. §§ 63, 64 Einl. A. L. R.).

11. Geltungsbereich. Jede Polizeiverordnung muß klar erhellen lassen, für welches Gebiet sie zu gelten bestimmt ist. Die Regel ist natürlich die Gültigkeit für den Umfang des Polizeibezirks. Es ist aber durchaus gestattet, daß auch für einzelne Theile des Bezirks Polizeiverordnungen erlassen werden, und zwar für eine oder mehrere Gemeinden oder andere räumlich bestimmte Bereiche. O. V. G. v. 21./10. 1889 Bd. XVIII S. 303. Die Frage, ob die Polizei auch in der Lage sei, über den Polizeibezirk hinaus gültige Anordnungen zu treffen, ist dahin zu bejahen, daß z. B. in Gemäßheit der §§ 36, 37 Gew. O. Fuhrunternehmern, welche ihre Dienste auf öffentlichen Straßen und Plätzen anbieten, durch Polizeiverordnung des Ortes, wo der Betriebssitz ist, Pflichten für den Verkehr auch außerhalb der Orte auferlegt werden können. Sie haben aber auch den Bestimmungen der Orte, wohin sie fahren, Genüge zu leisten. Ob. Trib. 1874 Erk. v. 24. Juni. Engelmann, Gew. O. S. 147.

Ueber die ebenso interessante wie zweifelhafte Frage nach der Gültigkeit von Polizeiverordnungen in neuen Ortstheilen läßt sich Rosin wie folgt aus (S. 213): Wie in neuerworbenen Provinzen die in den alten geltenden Gesetze erst durch besondere Anordnung in Kraft gesetzt würden, so könnten auch bei Vergrößerung eines Polizeibezirks dessen Rechtssatzungen nur für das Gebiet Kraft haben, für welches sie erlassen und verkündet seien. Eine Ausnahme sei jedoch für solche Rechtssätze zuzugeben, welche nach dem Willen des Gesetzgebers das Staatsgebiet als eine nothwendige Einheit ergreifen. Ebenso müsse man im Polizeibezirke Verordnungen dann als von selbst in das neue Gebiet eingeführt erachten, wenn dieselben die Pflichten der Einwohner im Verhältniß zu der mit dem Bezirke zusammenfallenden und mit ihm gleichmäßig vergrößerten Commune in einer unbedingt als einheitlich vorausgesetzten Weise bestimmen. Bornhak nimmt an, daß das communale Verfassungsrecht, welches die Rechte und Pflichten der Einwohner gegen die Ortsbehörden regelt, auf das angeschlossene Gebiet von selbst übertragen sei, da die Verfassung einer Körperschaft nur eine einheitliche sein könne. Auch das O.V.G. behandelt z. B. den § 10 II 17 als eine auch für die neuen Provinzen gültige allgemeine staatsrechtliche Bestimmung der Preußischen Lande (cf. Vo. v. 23./5. 67. § 16 G.S. S. 777). Da die Frage besonders auf dem Gebiete verwaltungsrechtlicher Beziehungen (Ausführung der Gesetze) zu bedeutenden Meinungsverschiedenheiten und Processen führen kann, so ist es dringend nothwendig, diese Verhältnisse vor bezw. bei der Eingemeindung zu klären und zu regeln.[1])

12. Individualverordnung. Da eine polizeiliche Verfügung nur als die Verwirklichung eines bereits bestehenden Rechtssatzes begrifflich zu denken ist, so muß, falls ein Einzelgebot durch die bestehende Rechtsordnung nicht gedeckt ist, der Weg der Polizeiverordnung gewählt werden; indessen wird dies bei der weiten Fassung des § 10 II 17 selten der Fall sein. Die Berechtigung der Behörde, von den Bestimmungen einer von ihr erlassenen Polizeiverordnung im Einzelfalle zu dispensiren, wo Dispensation nicht schon vorgesehen ist, wird angezweifelt, dürfte aber vorhanden sein. Allerdings müßte die Dispensirung wieder im Wege der Polizeiverordnung erfolgen. (S. No. 6b.)

13. Erlöschen. Eine Polizeiverordnung erlischt ohne Weiteres durch Ergehen entgegenstehender Gesetze oder von Polizeiverordnungen derselben oder einer höheren Instanz oder schließlich durch Außerkraftsetzung nach Maßgabe des § 145 L.V.G. Eine auf solche Verordnung gestützte polizeiliche Verfügung fällt damit an sich noch nicht.

Die Aufhebung einer polizeilichen Verfügung durch die höheren Instanzen wegen Ungültigkeit der zu Grunde liegenden Polizeiverordnung hebt diese an sich nicht auf.

14. Polizeiverordnungen sind Polizeigesetze, welche den Uebertreter der auf Schadenverhütung abzielenden Bestimmungen, für allen möglicherweise durch die Uebertretung entstandenen Schaden verantwortlich werden lassen, dem die Vorschrift vorbeugen wollte. § 26 Th. I Tit. 6 Allg. L. R.

15. Die Exekutivgewalt (§ 20 des Ges.) wird durch das Ges. v. 11./3 1850 nicht berührt. Siehe No. 8 bei § 10 II 17 A. L. R. Wegen der früheren Zwangsmittel vgl. V. M. Bl. 1850 S. 211, 212.

16. Aehnlich dem Polizeiverordnungsrechte kann gewissen Behörden ein Strafverordnungsrecht verliehen sein. So ist z. B. für das Gebiet

[1]) Auf im alten Gebiete neu entstehende Ortstheile (Straßenzüge) finden die bestehenden Bestimmungen Anwendung. Die Last kann gegen das ursprüngliche Maß wachsen (Mehrzufuhr von Abwässern), aber nicht über den rechtlichen Rahmen hinaus.

des Schulzwanges, welches jetzt nicht zum polizeilichen gerechnet wird, durch die Regierungsinstruction v. 23. Octob. 1817 im § 11 ein Verordnungsrecht vorgesehen. cf. A.L.R. § 48 II 12, Cab. O. v. 14./5 1825. Ueber die Strafen vgl. §§ 33, 35, 240 A. L. R. II 20, §§ 18, 28, 29, R. Str. G. B. Bedenklich ist, daß das Ges. v. 6./5 86 G. S. S. 144 von Polizeiverordnungen spricht.

Bestätigt wird indeß die Rechtsgültigkeit dieser nichtpolizeilichen Strafverordnungen durch die neuere Judikatur des Kammergerichts. cf. Entsch. v. 7. Januar 1895, Selbstv. 1896 S. 50. Der Minister ist dieser Anschauung beigetreten. Ebd. S. 43, Reskr. v. 11. Juli 1895. Die Festsetzung der Strafe kann auch durch Strafverfügung der Polizei erfolgen. (R. G. Bd. XIII S. 93.) Anderer Meinung Bornhak. Selbstv. 96 S. 129.

Die auf Grund des § 69 Gew. O. erlassenen Vorschriften über die Marktordnung unterliegen nicht den für preußische Polizeiverordnungen gegebenen Form- und Publikationsvorschriften. Vielmehr genügt es zu deren Gültigkeit, daß sie den reichsgesetzlichen Bestimmungen Genüge gethan haben, selbst wenn sie in den Formen der Polizeiverordnung erlassen sind. Eine Nichtbeachtung der für Letztere erlassenen Bestimmungen macht also in diesem Falle die „Ordnung" nicht ungültig. Cf. § 149^{6} Gew. O. (Johow, Entsch. des Kamm. Ger. Bd. 16, S. 307, Selbstv. 1897 S. 423.)

Alphabetisches Sachregister.

A.

F.

G.

H.

J.

K.

L.

M.

N.

O.

P.

R.

S.

T.

U.

V.

W.

Z.

Abkürzungen.

Al. alinea.
A. L. R., Allg. Landr. Allgemeines Landrecht.
Art. Artikel.
Bd. Band.
Betr. Betreffend.
Cab. O. Cabinetsordre.
Cf., confer. vergleiche.
Comp. Ger. Competenzgerichtshof.
C. P. O. Civilproceßordnung.
E. Erkenntniß, Entscheidung.
Ebd. Ebenda.
Einl. Einleitung.
Entsch. Entscheidung.
Erk. Erkenntniß.
Erl. Erlaß.
G., Ges. Gesetz.
G. S. S. Gesetzsammlung Seite.
Gew. O. Gewerbeordnung.
Gruch. Gruchot „Beiträge".
G. V. G. Gerichtsverfassungsgesetz.
J. M. Bl. Justizministerialblatt.
K. s. C.
Kamm. Ger. Kammergericht.
Kr. O. Kreisordnung.
L. G. O. Landgemeindeordnung.
L. V. G. Landesverwaltungsgesetz.
M. Bl. Ministerialblatt der inneren Verwaltung.
M. R. Ministerialreskript.
Ob. Oben.
Ob. Trib. Obertribunal.
O. V. G. Oberverwaltungsgericht.
P., Pol. Polizei.
Pr. V. Bl. Preuß. Verwaltungsblatt.
Rass.-Küntz. Rassow-Küntzel „Beiträge".
Reg. Instr. Regierungsinstruction.
R. G. Bl. Reichsgesetzblatt.
R. Ger. Reichsgericht.
R. Str. G. B. Reichsstrafgesetzbuch.
S. Siehe.
Selbstv. Selbstverwaltung.
St. O. Städteordnung, östliche.
Th. Theil.
Tit. Titel.
V. Verordnung.
Verf. Urk. Verfassungsurkunde.
Verw. Verwaltung.
Vf. Verfügung.
V. M. Bl. Verwaltungsministerialblatt.
Vo. Verordnung.
V. R. Verordnungsrecht.
W. O. Wegeordnung für Sachsen.
Zust. Ges. Zuständigkeitsgesetz.

Druck von Albert Koenig in Guben.

Kolibri 360 GmbH
Ferdinand-Jühlke-Straße 7
99095 Erfurt, Deutschland
produktsicherheit@kolibri360.de